Oscar narrativa

Susanna
Agnelli

Addio, addio
mio ultimo amore

Arnoldo
Mondadori
Editore

© 1985 Arnoldo Mondadori Editore S.p.A., Milano

I edizione Varia di letteratura gennaio 1985
I edizione Oscar narrativa novembre 1988

ISBN 88-04-31546-6

Questo volume è stato stampato
presso Arnoldo Mondadori Editore S.p.A.
Stabilimento Nuova Stampa - Cles (TN)
Stampato in Italia - Printed in Italy

Ristampe:

1 2 3 4 5 6 7 8 9 10 11 12

1989 1990 1991 1992 1993 1994 1995 1996 1997

Addio, addio
mio ultimo amore

Uno speciale grazie a Clara e Nuvolo che hanno sofferto con me questo libro.

Al bambino che mi ha scritto:
"Cara Sindachessa, la voglio ringraziare
di aver fatto costruire questa stupenda scuola."

«Señora» dice Francisca «es de Italia, es del Comune.»

Sento la voce di Casalini, come sempre un po' tentennante, prende le cose da lontano, non ha mai un approccio diretto «Sa, qui al Comune c'è crisi... ci sarebbe una possibilità per noi... se lei fosse disponibile... forse ci sarebbe un'apertura... manca un anno alle elezioni... Ci pensi...».

Il mio appartamento è al 18° piano, è pieno di fiori e di colori; il traffico di Park Avenue, l'inevitabile sirena, il fischio della polizia, sono un suono piacevole e ininterrotto, come una cascata. È anche piena d musica; se sono sola ascolto le canzoni italiane e Bach; quando i miei figli arrivano dall'università è John Lennon e Bob Marley.

È anche piena di gente; non ho mai visto tanti amici come a New York. Di tutte le età, di tutte le razze, di tutti i colori: registi, scrittori, politici, pittori, macrò, ladri, ricchi, poveri, profittatori, benefattori di mestiere, donne la cui vita è dedicata alla mondanità, scienziati, cartomanti, italiani di passaggio e froci, tanti froci. Più gente c'è, più Francisca e Graciela sono contente; fanno le *empanadas*, i cannelloni, la pasta e fagioli, le melanzane alla napoletana, in una cucina che è piccola come una scatola, un corridoio di due metri per uno e si arrabbiano soltanto quando chi va a telefonare in cucina spegne la sigaretta dentro alle lasagne. Si divertono con le guardie del corpo che seguono Abba Eban e bloccano gli ascensori, con Evtuscenko che recita versi in spagnolo, con Warren Beatty che fa complimenti anche a loro, con Jasper Johns e l'amichetto, con Rauschenberg e l'amichetto, con Borges che non vuole mangiare il pranzo preparato ma pretende all'ultimo momento una bistecca che, essendo congelata, è pessima; con gli esperti di "Vogue" che vengono a fotografare due pomodori tagliati a fette con una foglia di basilico come se fosse un manicaretto, con Diana Vreeland che beve vodka a ore impensate, con il senatore Javits e sua moglie Marion di cui diventeranno saltuarie cuoche, con Bill Buckley e Brook Astor, che abitano nello stesso building, con Babe Paley, la bellissima Babe il cui marito vuole un pranzo solo di "pasta" e loro lo fanno, cinque portate di paste diverse in tutte le salse e Bill è felice, ne parla ancora adesso, con Bob Silvers l'editore del "N.Y. Review of Books" anche se non mangia niente perché è sempre a dieta, con Oscar de La Renta che va a farsi dare le ricette ed è "tan buen mozo, Señora, tan buen mozo", e con tutti gli amici dei miei figli, i cugini, le loro ragazze, che vengono a sfogarsi sulla durezza dei corsi, sugli abbandoni delle fidanzate, sul freddo e sul caldo di N.Y. e sulla lontananza dall'Italia.

Marion Javits mi ha portato da un chiromante, lontanissimo, in una stradina di Brooklyn. È un giovane calvo che guarda con molta attenzione dentro a una palla di cristallo come quelle che si scuotono per far scendere la neve sul villaggio in miniatura. È serissimo «Vedo una casa, vicino al mare, tanti fiori, un lavoro strano, per lei. Strano perché non è pagato; una stanza, tanta gente che entra ed esce; uh quanta gente che entra ed esce, chissà cosa fanno. Forse è una fondazione, forse un'opera benefica perché lei lavora, molto, moltissimo ma non è pagata, e tutta questa gente che va e viene, vicino al mare».

Usciamo, Marion sostiene che il chiromante è bravissimo; a lei indovina sempre tutto della sua complicata vita amorosa; andiamo al cinema. Poi Marion mi spiega che dovrei salvare il mondo e che dovrei andare da uno psicanalista.

Ci vado (sono ancora gli anni dei turbamenti) e lo psicanalista, dopo avermi intrattenuta a lungo sulla antipatia degli uomini in genere, degli omosessuali in particolare, mi consiglia di scrivere un libro.

«Otra vez, el Comune» dice Francisca per cui, comunque, tutto, o tutti quelli che hanno a che fare con il Comune di Monte Argentario non possono che essere portatori di noie.

«Se lei tornasse» dice Casalini «potrebbe fare il Sindaco... sa è solo per un anno... poi ci sono le elezioni...»

«Verrò in Italia» dico «ci penserò.»

Ero dal '70 consigliere comunale all'Argentario. Poco prima delle elezioni ero stata a trovare il Sindaco repubblicano in Comune (mi sembra a proposito di un premio letterario) e mentre mi avviavo alla porta mi aveva detto «Perché non viene in lista con noi, alle prossime elezioni?».

L'idea di vedere l'Argentario sistematicamente distrutto da orrende ville che sorgevano e sorgono ovunque (allora poi era tutto un cantiere sterrato, non c'erano gli alberi che oggi coprono un poco lo scempio) mi faceva soffrire ogni volta che tornavo a Santa Liberata dove, ora, avevo una casa.

«Perché, no?»

E così avevo fatto la campagna elettorale con l'aiuto di giocatori della Juventus che giravano in motoscafo, di vescovi che avevano bisogno di un'automobile e di esperti di politica, maestri in quegli intrighi che le elezioni esaltano al massimo. Il risultato era stato buono ma Ettore Zolesi già Sindaco per dodici anni aveva avuto più voti di me e tornava a fare il Sindaco.

A quel tempo, i Consigli Comunali all'Argentario iniziavano alle nove di sera e continuavano fino alle tre, alle quattro del mattino. In una sala di consiglio, orrenda, fredda, fumosa, con un impianto sonoro pessimo, si dibattevano per ore problemi che nulla avevano a che fare con il Comune. I consiglieri si alzavano a parlare per ore, credendo di essere grandi oratori; il Sindaco leggeva, ostentatamente, i giornali; anche durante le discussioni sui punti all'ordine del giorno che poi metteva in votazione, sicuro della sua maggioranza.

Io morivo di sonno e di noia e di esasperazione per tanto tempo perduto. Noi eravamo all'opposizione, il che, in Italia, significa dire di no a tutto, anche alla raccolta delle spazzature o alla costruzione delle case popolari. «Ma perché diciamo di no? perché votiamo contro una cosa giusta?» chiedevo agli amici di partito.

«Perché siamo all'opposizione, no?» mi rispondevano convinti.

Tornata in Italia e all'Argentario, erano iniziati i giochi politici veri e propri. Una crisi incomprensibile al cittadino medio ed a me teneva il Comune praticamente senza amministrazione da mesi; da mesi non si riuniva il Consiglio Comunale e adesso, per ricomporre una giunta, il partito democristiano trattava con il PRI.

Ascoltavo un po' distaccata i discorsi e gli intrighi politici che si intrecciavano tra i repubblicani e i democristiani.

Fortunato è il segretario del partito; coltiva il suo orto ed è pieno di buon senso; Casalini è da sempre repubblicano; lavora al Banco di Roma di Orbetello, è sposato, con figli. Borghini è un ragazzo, intelligente; è stato, giovanissimo, comunista. Gli altri che ruotano intorno al partito sono e continuano ad essere soltanto figure che si alternano. Borghini fa il tribuno e arringa un partito troppo facile da convincere. Casalini usa metodi più subdoli, lavora sott'acqua. Non so quali siano gli accordi che fanno con la Democrazia Cristiana; non vengono comunque mai rispettati.

Da parte nostra si decide che io farò il Sindaco, Borghini e Casalini gli assessori. A tutti, repubblicani e democristiani, fa gioco che una contessa sprovveduta venga da New York ad amministrare un comune della Maremma. "Soltanto un anno, e poi, avremo tutto il tempo per rifare i nostri giochi" pensano.

La seduta nella quale fui eletta Sindaco fu segnata da una gazzarra incredibile; il dottor Benito Grassi, che allora era consigliere comunale, fu immortalato sui giornali locali mentre si prendeva a pugni con qualcuno; un altro socialista dichiarò che io, che vivevo in una villa, non potevo conoscere i problemi dell'Argentario. Fu accusato di abitare in un appartamento lussuoso, rispose «Perché, dovrei abitare in una bicocca?» e per alcuni minuti si parlò di abitazioni dei vari consiglieri. Anche di quella, molto più bella della mia, su Punta Lividonia, del notaio Galgani, socialdemocratico, che mi fece gli auguri avvertendomi che non sapevo "quale tigre andassi a cavalcare".

Il pubblico vociava, il Sindaco uscente Zolesi mi consigliava «Faccia sgombrare l'aula, faccia sgombrare l'aula» sperando, evidentemente, che io seguissi il suo consiglio. Sarebbe così emersa la mia antidemocraticità. «Laggiù c'è il Sindaco di Orbetello tra quelli che gridano» mi sussurrò Casalini che era al mio fianco. «Posso chiedere al Sindaco di Orbetello» dissi al microfono «di invitare i suoi amici a stare zitti?» Fu considerata un'offesa incancellabile, che ancora oggi non mi so spiegare, nei confronti del Sindaco di Orbetello e la gazzarra raddoppiò. Qualcuno gridava fortissimo «Fuori lo straniero» non si sa se rivolto a me o agli orbetellani.

Uscii a tardissima notte, Sindaco e distrutta.

Dalla parte di Porto Ercole ci sono tre grandi famiglie. I marchesi Corsini, i conti Bucci Casari e i
principi Borghese. I Corsini si odiano e litigano fra di
loro; i Bucci Casari si odiano e litigano fra di loro; i
Borghese si odiano e litigano fra di loro. Seguendo il
loro esempio tutti a Porto Ercole si odiano e litigano
fra di loro.

I Corsini posseggono la bellissima Villa Corsini che
è un orto botanico di rara bellezza proprio al centro
del paese sopra il porto; alcune case a Porto Ercole
vecchia e terreni dietro alla scuola che hanno lottizzato e sperano di continuare a lottizzare; altri terreni,
oltre il Forte La Rocca, sul mare, con qualche casa.
Forte Filippo, che era loro, è stato venduto e ridotto a
miniappartamenti, molti ancora vuoti. Il marchese
Cino è sposato con un'americana, Aimée, mia compagna di giochi sulla spiaggia di Forte dei Marmi
quando eravamo bambini; nella mia primissima campagna elettorale, nel '70, vado a chiederle il voto e mi
risponde « Noi in Comune ci mandiamo il nostro fattore, ad occuparsi delle cose nostre ».

I Bucci Casari sono proprietari di tutti i terreni
intorno a Cala Galera; sono loro che hanno costruito
quasi tutte le case sul porto vecchio e venduto parte

dei terreni di Poggio Pertuso con conseguente scempio. Inoltre posseggono altri terreni sul monte dietro a Porto Ercole.

Il conte Marco e il conte Lorenzo gestiscono uno la Marina e l'altro la zona artigianale di Cala Galera con capannoni e scalo di alaggio, facendosi continui dispetti. Il conte Lorenzo ha una tenuta in Brasile dove invita a trascorrere le vacanze invernali le persone dell'Argentario che potranno essergli utili; di questi si dice "Sa, è stato in Brasile!" e si è detto tutto.

I principi Borghese sono proprietari del Forte Santa Caterina, del Forte La Rocca (lo hanno venduto anni fa a Carlo Ponti che voleva farne un albergo; in seguito Ponti lo ha rivenduto a chi ne ha ricavato appartamenti); del Forte Stella (sul quale il Comune nel 1982 ha fatto esercitare il diritto di prelazione dall'allora ministro Scotti quando stavano per venderlo ad uno svedese) e di tutti i terreni dallo Sbarcatello oltre la Torre dell'Avvoltore (anch'essa venduta dai Borghese ad Elsa Peretti) praticamente fino alla Punta Ciana. Uno dei Borghese, architetto, ha costruito gran parte delle ville (bellissime) che, vendute a stranieri e italiani ricchi, hanno fatto dare allo Sbarcatello il nome di "Baia dei miliardari". È lì che la regina d'Olanda ha comprato e costruito la sua casa; il porticciolo è un regalo degli olandesi che sono venuti a studiarlo con i loro tecnici. È lì che sorge il "Pellicano", albergo di gran lusso, di proprietà di un italo americano. È la zona costruita più bella dell'Argentario, grandi giardini, alberi, oleandri, gerani, verde ovunque; le case annegano nella vegetazione. All'Argentario si dice che i Borghese abbiano ottenuto dall'Ente Maremma, che a suo tempo avrebbe dovuto espropriare questi terreni, di lasciarli a loro in cambio di terreni in Sicilia. Si erano impegnati anche, in cambio delle licenze di costruzione, ad asfaltare la "panoramica" che lega la strada del Pellicano a quella delle Cannelle; impegno che hanno rispettato fino a un certo punto.

Esiste ancora la vecchia principessa Borghese, madre di tanti figli litigiosi; trascorre l'estate nella fattoria sulle pendici del monte. La più intraprendente delle figlie è Giovanna che si dà un gran da fare vendendo ed affittando, e sposando bene i suoi figli.

Intorno a queste tre grandi e litigiose famiglie esistono clienti, fattori, faccendieri, sfruttatori e sfruttati.

Con tutti i membri di queste famiglie ho rapporti di conoscenza che vengono da lontano. Voglio dire, ci diamo del "tu".

Dalla parte di Porto Santo Stefano la situazione è assai diversa, non ci sono grandi proprietari terrieri. I notabili sono i Galgani; e i Varoli che da tempo hanno lasciato l'Argentario. Si dice che siano, anche loro, in Brasile. La signora Galgani, madre del notaio, è una persona che tutti ricordano per il gran bene che ha fatto; è stata vicesindaco dopo la guerra, ha protetto il giovane Zolesi, poi diventato Sindaco; ha fatto costruire l'asilo nido; il suo nome è legato a tante realizzazioni.

«Sapesse» mi dicono «la signora Gemma, come andava a Roma, a battersi per nòi.»

Loro è la stupenda villa sulla Punta Lividonia con i vigneti a gradinate che scendono al mare, la vista sul mare aperto, le isole, la costa oltre Talamone, l'azzurro tra i fiori della terrazza. O meglio, era loro; l'hanno venduta a un signore che arriva in elicottero.

Deve essere il 1960 la prima volta che vengo all'Argentario. Sono rientrata da poco dall'Argentina con i miei sei figli e voglio portarli al mare per l'estate. Tra me e Urbano l'incantesimo è finito ma i figli ci tengono ancora insieme. «Prova» mi dicono «a chiamare la marchesa Gerini, lei affitta; ha una casa stupenda a due ore da Roma.»

«Yes» mi risponde «affitto, ma ti costerà caro.»

Ricordo ancora la strada fiancheggiata da oleandri rosa, bianchi e rossi, ondulanti nel vento, che portava dalla diga di Orbetello a Santa Liberata; a quel tempo non esisteva nemmeno la strada asfaltata sulla Giannella che era una duna meravigliosa di sabbia pulita e macchia mediterranea intatta, chilometri e chilometri di spiaggia praticamente deserta.

Il cancello rosa si apriva su un giardino all'italiana pieno di rose, la buganvillea si appoggiava ai muri, le erbe aromatiche profumavano l'aria, verso il mare la torre che aveva ospitato Guelfo Civinini si disfaceva tra l'edera e il sole. La casa era folle come la sua proprietaria, vestita sempre con lunghi camici di seta di improbabili tinte e, come lei, simpatica. Palme di ferro dipinte in turchese, muri rosa, terrazze a tutti i livelli, una cucina splendida, camere aggiunte sul davanti, sul dietro, un labirinto su una antica villa romana i cui muri affioravano qua e là. Si affacciava su una spiaggetta di ciottoli bianchi nascosta agli occhi di tutti, un mare trasparente, il rumore dolce delle onde che sciacquavano piano piano. La proprietà comprendeva anche un frutteto che scendeva fino a un'altra grande spiaggia (a quel tempo privata), scavi romani, fichi d'India, fichi, peschi, mandorli. Arrivava fino alla punta verso Santo Stefano con altre case rosa e strampalate in mezzo agli ulivi disordinati, al rosmarino, al lentischio. L'ultima casa era appartenuta alla Ruskaya prima che la marchesa Gerini l'acquistasse unendo tutta la baia in un'unica proprietà.

Dire che mi sono innamorata a prima vista è dire poco. Sono rimasta senza parola ad annusare i profumi, a cercare di fissare nei miei occhi una bellezza così totale. Sono scesa a fare il bagno dalla spiaggetta. «Anche d'agosto è così» mi diceva il guardiano «si potrebbe fare il bagno senza costume.»

Ho affittato la casa a carissimo prezzo e i miei figli, come me, si sono innamorati dell'Argentario. Le barche a vela sulla spiaggia, l'esplorazione delle grotte sotto la casa, i bagni interminabili, le corse sul viale verde che percorreva fino al mare la costa; sì, era il paradiso. Poi, invece della casa grande, ho affittato quelle piccole; poi l'amministratore della marchesa Gerini ha incominciato a metterla nei pasticci e finalmente la marchesa ha deciso di vendere; prima le case piccole sulla punta a me, poi quella centrale ai Pasquini, mentre lei continuava ad abitare nella casa grande con i suoi lunghi abiti, i suoi amanti e la sua pessima amministrazione. La marchesa Gerini, americana e vedova, aveva terreni sull'Appia Antica; in qualche modo, facendosi prestare denaro sulla promessa della edificabilità di quei terreni, che non fu concessa, un bel giorno si trovò a dover lasciare la sua casa per pagare i debiti e ne morì di crepacuore. Era lei che aveva pagato il primo acquedotto che portava l'acqua a Santo Stefano; la gente le voleva bene, al palio del 15 agosto era invitata sul palco d'onore, cantava e ballava e beveva, il che era una sua abitudine costante. Quando morì ero già Sindaco e feci affiggere un manifesto come ricordo della popolazione, ma tutti l'avevano ormai dimenticata.

A quel tempo l'Argentario era veramente un paradiso. I Borghese lottizzavano lo Sbarcatello costruendo case bellissime in grandi appezzamenti di verde; la casa della regina d'Olanda valorizzava la zona. Dalla parte di Santo Stefano ci saranno state una ventina di ville al di fuori del centro abitato con il suo porto di pescherecci, il traghetto del Giglio, il lungomare strettissimo che portava alla Pilarella e al bar Centrale di Fuga dove tutti si incontravano per telefonare, per prendere il caffè o il gelato, per farsi dare i messaggi, per scambiare notizie o pettegolezzi.

Oreste Fuga era il re di Santo Stefano.

Alle Cannelle c'era ancora, isolata, raggiungibile soltanto in fuori strada o via mare, la grande bruttissima casa della marchesa Misciatelli che, da quando il suo amico e suo figlio erano caduti insieme in aereo durante la seconda guerra mondiale, rimaneva, piena di gatti, a guardia della meravigliosa spiaggia solitaria affiancata dalle rocce dell'isola rossa.

A Cala Piccola la famiglia Benini gestiva l'albergo con la torre spagnola, poche case intorno, la scesa al mare e tanto verde.

Sul monte due o tre case sopra al convento dei Passionisti nascoste dagli alberi, il convento bianco e austero nelle sue proporzioni settecentesche, il bellissimo noviziato poche centinaia di metri più a monte e nient'altro. Qualche casale di contadini sparso; intorno le viti, i fichi, gli ulivi.

La pineta della Feniglia si attraversava ancora in macchina per arrivare ad Ansedonia. Uscendo in barca e fermandosi nelle cale a fare il bagno non si incontrava nessuno; qualche rara villa di stranieri e la grande casa dei Feltrinelli erano raggiungibili attraverso scalinate lunghe e ripidissime. Si nuotava fino alle spiaggette della Cacciarella o di Cala del Gesso dove il mare fresco ti accarezzava insinuandosi fra i sassi caldi di sole; si entrava nella grotta verde fuori Porto Ercole, si incontravano i delfini al tramonto che facevano le capriole.

Gianni mi aveva imprestato la sua barca a vela, il *Tomahawk*, con Carlo il comandante viareggino che, quando prendeva il timone avvertiva «attenta, Contessa, ora rinfresca; c'è il calasole» e le vele si tendevano orgogliose con uno strappo. Carlo tirava fuori il pane col burro e le acciughe; un fiasco di vino bianco locale, e si faceva sera. I miei figli imparavano ad amare la vela; solo Delfina aveva paura sulla coperta inclinata che volava verso il Giglio, verso Giannutri.

A Gianni non piaceva l'Argentario; «sono il peggio dei toschi» mi diceva. Ma io amavo quei tramonti dalla terrazza; il sole che scendeva nel mare e pochi minuti prima di scomparire illuminava Montecristo che si stagliava sulla sfera rossa; l'odore della salvia e del rosmarino che crescevano dietro casa e che facevamo scaldare, con Ilaria, nell'olio prima di versarlo sul pesce che cuoceva sulla brace; il viola violento della buganvillea contro il muro rosa.

Cristiano, nato e cresciuto in Argentina, abituato

alle spiagge selvagge di Punta del Este in compagnia delle foche e dei leoni marini mi chiedeva « Non si potrebbe andare in un posto dove non c'è nessuno? ». Ci spingevamo fino a Cala di Forno e la spiaggia dell'Uccellina dove scesi a terra giocavamo a staffetta sulla riva del mare.

Poi un giorno è venuto un signore che mi ha offerto un lavoro da Vallecchi; un'enciclopedia della letteratura italiana preparata da scrittori. Ho accettato e, tornata a Roma, sono andata a lavorare. Eravamo in quattro: Cesare Garboli, Enzo Siciliano Antonio De Benedetti ed io. Avrei dovuto, essendo la più vecchia, coordinare questi intellettuali puri che, di pratico, non avevano nulla. L'ufficio era a Piazza della Pigna, nella Roma vecchia vicino a Piazza della Minerva; faceva un freddo tremendo appena mitigato da una stufa a gas che puzzava. Avevamo dei quaderni e delle penne, nient'altro; due sedie scomode e un tavolo.

Cesare era bellissimo, i capelli appena grigi, alto, asciutto, sembrava un rapace, le mani esili da ragazza, aveva un carattere infernale e una eccezionale intelligenza.

Ho capito di essermi innamorata di lui il giorno che arrivando in macchina, accompagnata da Giovanni, l'ho visto camminare con l'aria stonata, un loden troppo lungo, lo sguardo perso nel nulla.

Si era innamorato anche lui, comunista accanito, timido, aggressivo, sicuro di se e insicuro di tutto. Ricordo la prima volta che siamo usciti insieme.

«Cosa fa stasera, Signora Rattazzi?» mi aveva chiesto tra una "voce" dell'enciclopedia e una pausa per chiacchierare con Enzo e Antonio, «vuole uscire a cena con noi? Andiamo da Natalia.» «Sì, grazie» e avevo aggiunto «come devo vestirmi?» E loro ridendo «Ma, come? Così».

Natalia Ginzburg e Gabriele Baldini stavano in cima ad uno scalone, poi una scala, poi un ballatoio di un vecchio palazzo vicino a Montecitorio. Una grande, bellissima stanza, piena di libri e un tavolo tondo dove si mangiava. Natalia aveva la voce dolce, tutti mi guardavano fingendo di guardare altrove, Cesare voleva essere confortato dagli amici che accettassero, prima di potermi amare, il fatto che mi avrebbe amato.

Ma, dopo, non gli importava più. L'enciclopedia non si fece mai.

Venivo da anni di Argentina, anni di *estancia* lontano da tutto e da tutti. La mia compagnia erano i miei figli, la musica, la cucina, le passeggiate a cavallo nella pampa tra le mille lepri e le pernici che si alzavano dal *rastrojo* del grano, costeggiando gli alberi di eucalyptus e le piantine di patate nella terra color cioccolato. Facevo il pane; i miei figli manipolavano con soddisfazione la massa scura e molle che poi gonfiava tendendosi come un pallone. Camminavo, al tramonto, verso il parco, nella terra umida di pioggia mentre le tortore e i *chimango* schiamazzavano tra i rami degli alberi.

La domenica venivano i vicini a giocare a polo con Urbano; arrivavano i peones con i cavalli, poi gli uomini forti e brutali, poi le mogli con una infinità di bambini e parlavano solo di parti, solo di *niñeras*, solo di malattie esantematiche; qualche rara volta parlavano di ricette di *dulce de leche*. Le sfuggivo preparando litri di coca-cola col rum, servendo pizza e torte; mi annoiavo mortalmente.

Trovarsi ad un tratto ad uscire tutte le sere con Moravia e Bassani, con Pasolini o con Soldati o magari tutti insieme, in trattoria o nelle loro case; frequentare Niccolò Gallo o Attilio Bertolucci, ascoltarli parlare delle cose più disparate, litigare, contraddirsi, alzare la voce, ridere insieme, mi affascinava. Qualche volta Cesare mi portava a trovare Elsa Morante, nella sua mansarda con i gatti; si giocava. Uno domandava «Qual è la più bella frase d'amore che ti abbiano mai detto?». Rispondevano «Puttana» o «Andiamo a mangiare un gelato?». «E tu, Suni?» chiedevano e io rispondevo qualche banalità.

«Non ho mai conosciuto una persona con un divario così grande tra la sua intelligenza e il modo di usare la sua intelligenza» mi diceva Cesare con irritazione.

Quando camminavamo insieme per la strada la gente si voltava a guardarci.

«È tuo fratello?» mi domandava un'americana a una festa.

«No» rispondevo «è il mio amico.»

«Ah, che narcisi.»

I miei figli non capiscono più niente della loro mamma; tanti litigi, tante lacrime, tanto rimorso, tanto amore.

«Cosa fa, Cesare?» mi chiede Delfina.

«È un dantista.»

«Ah, non credevo che fosse un dentista.»

Ilaria e Cristiano non lo sopportano. Urbano si accorge che sua moglie è una donna.

Così breve, così intensa la felicità; così lunga la disperazione. Tutto crolla intorno a me; e intanto tutto nasce. Imparo le cose che non ho mai conosciuto; le strade e i telefoni pubblici di notte; il cappuccino nei caffè all'alba.

"Occhi di sguardo" scrivo a Cesare "mani da indio" e lui corregge le mie poesie.

Amo i miei figli di un amore struggente perché so che li faccio soffrire.

E non posso farne a meno.

Cristiano va al Morosini. "Perché vuoi venire al Collegio Navale?" interroga il test. "Per soffrire" risponde e quando un ufficiale gli chiede spiegazione su questa strana risposta aggiunge «Mia madre dice che senza soffrire non si diventa un uomo».

Ilaria si innamora di un giovane milanese, che viene a trovarla in Ferrari la domenica. Dimentica le file di spasimanti, sportivi, studiosi, inglesi, tanti, tanti inglesi, che la corteggiano e le dedicano poesie, medaglie d'oro olimpioniche, imprese africane di ornitologia da quando ha quindici anni. Studia medicina all'Università Cattolica; «Non la porti al museo etrusco, sua figlia» mi dice un libraio «o gliela mettono dentro a una vetrina». Samaritana fa capricci, si innamora di un giovane duca biondo, scappa dal St-Dominique, si ribella. Delfina vince allo Chateaubriand il "prix de fantaisie", l'ambasciatore Palewsky la premia e ride, ride.

Lupo e Priscilla vanno a scuola.

Abito ancora al Bosco Parrasio. Ricordo la primavera che nevicò e si ruppero i rami dei grandi alberi per il peso della neve. All'alba Cesare mi accompagnava a casa e, per la neve, non poteva fare la salita in macchina. Sono scesa, mi avviavo a piedi. Cesare ha abbassato il finestrino «Sembri Anna Karenina» mi ha gridato.

Finalmente ci separiamo ufficialmente, Urbano ed io. Sostenere che è meglio di no per i bambini non ha più senso. Andiamo a dirlo a Cristiano che è al suo secondo anno al Morosini. Siamo in una camera d'albergo di una Venezia grigia ed invernale; lui biondo nella divisa blu del Morosini cerca di dire di no «Ma non potete aspettare?» supplica, gli occhi pieni di lacrime. Sto male per tre giorni; sto male ancora adesso quando ci penso.

Andiamo al Palazzo di Giustizia; ci accompagna l'avvocato Gatti amico e compagno d'armi di Urbano. Il giudice è obbligato a tentare la conciliazione. Pochi minuti e usciamo « Mi dispiace » dice Urbano. « Anche a me » rispondo e ci lasciamo sulle scale.

Ilaria si sposa a settembre nella chiesa di Pietrasanta. I suoi "garçons d'honneur" sono i più bei ragazzi d'Italia. Parte in viaggio di nozze in Ferrari.

Samaritana si innamora di un bellissimo architetto bruno. Delfina piange quando la porto in collegio a Parigi. Non so più quali sono i momenti in cui non sono infelice.

Cesare mi porta ad Arezzo e a Sansepolcro a Urbino e a Venezia e a Firenze e a Verona; mi insegna le opere d'arte, i quadri, le sculture, la *Traviata* alla Scala, ma sempre con una frenesia di umiliarmi, di dominarmi. Lui dice che io lo voglio comandare. Ci amiamo ancora disperatamente.

Quando Cesare mi dice che ha un'altra donna rimango annichilita, paralizzata, annientata. Prendo l'aereo e vado da Cristiano che è ora a Milano alla Bocconi.

«Perché continui a parlare di Cesare come se fosse un uomo normale?» mi consola Cristiano «lo sai che è uno schizofrenico.»

Ma, invece, si sopravvive.

Vado in Vietnam come delegata della Croce Rossa; mi mandano all'interno, distribuisco medicinali da una barca a motore su un canale a bambini e donne che mi odiano; la guerra è un inferno. Vado sull'altipiano; dormo sola in una casa con intorno le bombe e i Vietcong; per farmi passare la paura penso alla donna di Cesare. Guido un'ambulanza, torno a Saigon, ormai Bah-men-tuot è isolata.

E Cesare mi segue; arriva in Vietnam col suo vestito celeste slavato e così gira tra i militari, sugli aerei, nel coprifuoco. «Non ti amo più» dico, e piango. «E allora? Non è meglio così?» Prima di rientrare in Italia andiamo in Cambogia; la attraversiamo in macchina da Phnom Penh ad Angkorwatt. Che belle le case cambogiane con le verande di legno dipinte in colori pastello, le donne con le tele stampate legate intorno al corpo, i ragazzi sorridenti. E il tempio di Angkor che si rispecchia sull'acqua! Visito tutto, da sola, su un triciclo guidato da un cambogiano che mi fa da guida perché Cesare si sente male e non si alza dal letto.

Quando torno scrivo un articolo che "L'Espresso" pubblica. Lo intitolano *Bombe è carità*. È uno scandalo.

Torno all'Argentario che mi abbraccia con il suo sole di settembre, il maestrale tirato, il mare violetto. Cristiano è quello che lo ama di più; viene a preparare gli esami per la Bocconi; trascorre mesi d'inverno, tra un rally e l'altro, nella casa sul mare, studiando e andando in bicicletta.

Incontro un ragazzo; è un giovane chirurgo, è dolcissimo. Compro un meraviglioso "dragone" con le vele azzurre e usciamo in mare; all'alba, al tramonto; col mare piatto o agitato, veleggiamo lontano.

Un giorno mi telefona; sono sulla terrazza al mare con i miei figli. Salgo a rispondere in casa mia «Devo dirti una cosa, amore».

«Che cosa?» rido «ti sposi?»

«Come fai a saperlo, amore?»

I miei figli intorno a me. Lo sapevano tutti che doveva finire così; ma il sorriso dolce del ragazzo, la sua allegria, la mia allegria con lui, l'amicizia per loro ci mancheranno per mesi e mesi.

"Aghi di pino di settembre sul parabrezza della tua Mercedes" scrivo e la mia vita mi sembra senza senso.

Senza senso, senza significato, senza avvenire. I giorni passano come le ore, come i mesi.

Samaritana si innamora di un professore comunista, amico di Cesare, e lo sposa in Campidoglio.

Ilaria ha ormai due bambine.

Delfina prende la maturità allo Chateaubriand e inizia anche lei la stagione degli amori.

Lupo è al Morosini, che detesta, come tutto quello che è militare.

La campagna elettorale per le elezioni amministrative del '70 ce la facciamo tutti insieme, divertendoci un mondo.

L'Argentario è ormai un cantiere; il Sindaco repubblicano uscente firma, prima di andarsene, un centinaio di licenze edilizie. Durante la seguente legislatura diventerà socialista; cosa che, qui, succede spesso.

Al primo Consiglio Comunale al quale partecipo, Cristiano e Luca Montezemolo, l'amico con cui ha frequentato il Massimo, poi il Morosini, il suo amico del cuore, il suo compagno di rally e di tutte le avventure, vengono ad assistere.

«Che personaggi» dice Luca.

Vado a vivere a New York.

Priscilla è all'Atlantic College in Inghilterra. Cristiano è andato a lavorare in Argentina in attesa di andare ad Harvard. Con voli impossibili, ad ore impossibili, arrivano a trovarmi; per il Thanksgiving Day, per Natale, per parlarmi dei loro problemi. Anche Cristiano si è innamorato, e soffre. Per dimenticare corre in automobile e mi fa morire di angoscia. Lupo odia sempre di più il suo Morosini.

A me New York piace enormemente. Mi sento a casa mia; ho tanti amici, cammino per le strade, faccio la spesa, cucino, vado al cinema, scrivo articoli idioti per riviste di grido, conosco tanta gente con cui parlo per ore di tutti i soggetti del mondo. L'Ambasciata d'Italia è a un passo da casa mia; vado da loro; vengono da me; mi mandano i loro ospiti la domenica a colazione quando quasi tutti da N.Y. vanno in campagna e quelli che rimangono non sanno cosa fare. Il mio appartamento è aperto a tutti anche se i portieri e gli ascensoristi non vedono di buon occhio gli uomini di colore che vengono ai miei parties. Sono gli anni più belli della mia vita. Il mio appartamento all'ultimo piano di Park Avenue all'angolo con la 73ma è splendido, tutti lo ammirano.

Peter Glenville, il regista di *Beckett e il suo re* diventa mio grande amico; passeggiamo insieme; prendiamo il tè insieme, andiamo a messa la domenica, al cinema durante la settimana e parliamo per ore e ore, io accompagnando a casa lui, lui accompagnando a casa me. Conosce tutta New York.

Cristiano arriva il venerdì pomeriggio da Harvard con la sua borsa di libri e le camicie da lavare. Quando sento la sua voce per le scale, sono contenta; si sdraia accanto a me e mi racconta delle lezioni, della marijuana, del suo compagno di camera che è ebreo e ascolta Bach dal mattino alla sera. Usciamo e mi prende teneramente per il braccio, andiamo per negozi ridendo. La domenica sera riparte, sempre di corsa, a prendere lo *shuttle* per Boston dopo due giorni di amicizia perfetta.

Anche Delfina e poi Lupo sono venuti all'università a New York; abitano in un appartamento per conto loro dove ospitano ogni ragazzo italiano di passaggio; e sono centinaia. I nostri rapporti sono alterni; stanno diventando molto americani, ma hanno nostalgia dell'Italia; come tutti i loro coetanei di quegli anni negli Stati Uniti si sentono "déracinés" e in qualche modo considerano i loro genitori responsabili delle loro insoddisfazioni.

New York è ancora molto pericolosa, alla sera; non si può camminare soli per la strada; le aggressioni sono continue. Ma di giorno camminare per il centro dà un grande senso di libertà; i negozi sono variopinti, i musei sempre diversi, le librerie piene di novità, le distese di frutta e verdura su Third Avenue un'attrazione perenne, le chiese riscaldate ed accoglienti.

« Welcome home » mi dicono i portieri e gli ascensoristi quando torno da qualche giorno di viaggio. E io sento che questa è casa mia. George Weidenfeld mi ha chiesto di scrivere un libro; l'ho scritto in inglese.

La telefonata di Casalini mi lascia interdetta.

Quel giorno di luglio, il primo della mia carriera di Sindaco, vado in Comune alle otto, inizio dell'orario di lavoro; entro negli uffici; non c'è nessuno; il Comune è vuoto. A poco a poco si riempie, ma poi si risvuota per l'ora del cappuccino e della focaccia. "Voja de lavorà" penso "saltame addosso."

A Torino sono preoccupati, vogliono aiutarmi. Mi fanno incontrare un geometra biondo, Carossia, simile a un austriaco in vacanza, che verrà a portare la sua conoscenza tecnica per le opere pubbliche e il suo accento piemontese per il ludibrio dei locali.

Ma ho, soprattutto, bisogno di un legale.

Un giorno entra nel mio ufficio un giovane magro, i capelli nerissimi, due baffetti folti, gli occhi vivi e scuri, uno sguardo serio e scanzonato «Non le hanno mai detto che è identico a Proust?».

«No, Signora, mai» e ride con una allegria che mi coinvolge.

L'avvocato Angella sarà per dieci anni il mio collaboratore fedele, l'unico al quale saprò di potermi sempre rivolgere per avere un consiglio chiaro e disinteressato.

I democristiani accettano formalmente la sua presenza in Comune per il controllo di tutte le pratiche;

anche quelle urbanistiche che potranno portare *solo* la firma del Sindaco.

Eh, no, dal Segretario Comunale, un don Abbondio timoroso di tutto, è inutile aspettare consigli.

Incominciamo a lavorare; tutti in Comune, tutte le mattine per quattro, cinque, sei ore. Ricevo tutti, parlo con tutti, cerco di aiutare tutti. Progettiamo la nuova biblioteca e il nuovo ambulatorio di Santo Stefano e la piscina scoperta, prevediamo la nuova scuola materna di Porto Ercole; cerchiamo di migliorare il sistema di distribuzione dell'acqua, ormai del tutto insufficiente nei mesi estivi.

Chiamo al telefono il Sindaco di Orbetello « Se l'ho offesa le chiedo scusa, non era mia intenzione ».

« Vediamoci, Sindaco » mi risponde e vado nel suo ufficio sulla piazzetta di Orbetello, foderato in legno ottocentesco, pieno di tutto quel fascino di cui manca il mio, volgare con le brutte finestre che guardano verso il mare.

Il Sindaco di Orbetello ha una barba rossiccia, i capelli lunghi e ondulati, due occhi espressivi; mi stringe la mano con calore.

« So che lei vuole fare un ospedale, sull'Argentario. »

« Io, un ospedale? Ma chi gliel'ha detto? »

« Non so, si dice. » Ma poi ci mettiamo a chiacchierare; è un ragazzo intelligente e umano; ha l'aria sincera. Credo che la nostra amicizia sia cominciata da quel primo giorno.

C'è la strage dell'Italicus e il Sindaco mi invita a parlare a una manifestazione unitaria in piazza a Orbetello.

È il tramonto, ho un foglietto scritto, non sono abituata a parlare in pubblico. Il Sindaco mi dà la parola; l'intera piazza si mette a fischiare; il Sindaco, imbarazzato, chiede il silenzio. Intanto è scesa la sera, non ho gli occhiali, non riesco a leggere; rimango in silenzio, come Moses alle Olimpiadi, e anche la piazza rimane in silenzio. Mio genero, Sermonti, che è tra la gente, mi dirà «È stato impressionante, quel silenzio; meglio di qualsiasi discorso».

Mi faccio fare un bracciale con gli occhiali pieghevoli che non lascerò più.

Vado alle riunioni a Grosseto; aspetto ogni volta una o due ore; è considerato normale il ritardo. Mi sento dire che all'Argentario non si fanno case popolari perché è una decisione "politica", detto alla toscana, "po-li-ti-hà", come se fosse la soluzione di tutti i problemi. Mi chiedono cosa farei per risolvere i problemi della Rama che perde miliardi e quando rispondo che consulterei un tecnico del settore mi ripetono che non hanno bisogno di tecnici ma di decisioni "po-li-ti-he" Mi accusano di essere manageriale come se fosse un insulto.

Quando incontro la prima volta Lagorio, allora presidente della Regione, mi chiede, incuriosito, se è vero che ho deciso di fare il Sindaco per poter sposare i miei amici romani.

« Per ora » rispondo « ho sposato solo quelli fiorentini. »

Quando vado in Regione, a Firenze, l'assessore mi tratta come un generale nazista avrebbe trattato un italiano che sospettasse di essere un partigiano.

« Con tutti quegli avvocati che ha, potrebbe almeno farsi insegnare come comportarsi » grida seccato.

Ritorno con Giorgio Bassani, allora presidente di Italia Nostra e Fulco Pratesi, allora segretario gene-

45

rale del WWF. Ci tratta nello stesso modo anche se chiediamo umilmente di poter fare una variante al Piano Regolatore che verrà garantita dalle due associazioni che essi rappresentano. Bassani si scoccia di essere trattato come un postulante importuno e dice «Ma, io...».

«Lei è il presidente di quale sezione di Italia Nostra?»

«Come, di quale sezione?» balbetta Giorgio Bassani. «Sono il presidente nazionale di Italia Nostra» è furente.

«Ah, ma allora lei è Bassani?»

«Già, per l'appunto» e l'atmosfera si sgela di qualche grado.

Usciamo interdetti da tanta arroganza. Ma poi si concederà al Comune l'autorizzazione a fare una variante; altrimenti le costruzioni all'Argentario sono praticamente bloccate, e mancano, invece, alcune cose necessarie.

L'avvocato Angella si sposa con una longilinea Rossella, abitano un po' nella mia casa sul mare e poi si trasferiscono in un appartamento a Santo Stefano.

Borghini, Casalini ed io lavoriamo sempre, intensamente, e andiamo d'accordo; i democristiani della giunta cominciano a innervosirsi «Fate tutto voi; è come se noi non esistessimo».

«Lavorate anche voi; chi ve lo impedisce?».

Una mattina Angella mi comunica che in commissione edilizia si concedono licenze di costruzione non consentite dal Piano Regolatore. Siccome per gli accordi presi, la firma delle licenze spetta a me, rifiuto di firmarle.

Siamo vicini all'approvazione del bilancio comunale. In una prima tempestosa riunione di giunta il vicesindaco democristiano pretende l'allontanamento di Angella, responsabile di avermi avvertita dell'irregolarità.

Esco piangendo dal Comune; i passanti che mi vedono mi dicono «Coraggio, Signora, tenga duro». Sulla questione Angella ci impuntiamo e vinciamo. Ma il bilancio è sempre più vicino. Il Consiglio è convocato per le nove di mattina (abbiamo abbandonato le sedute notturne); i democristiani mi aspettano nel mio ufficio, vogliono parlarmi. Sono perentori «O lei firma le licenze per le ville che il consigliere G. stà costruendo o noi non voteremo il bilancio».

Discutiamo violentemente, ma poi mi arrabbio sul serio.

«Non votatelo» grido «chiederò ai comunisti e ai socialisti che lo votino loro.»

Scendo nella sala del Consiglio; presentiamo il bilancio, lo metto in votazione. I democristiani lo approvano. È la mia prima vittoria politica.

Alle elezioni del '75 il partito repubblicano passa da 6 a 12 consiglieri. Borghini è talmente emozionato quando mi telefona a casa che quasi non riesce a parlare. «Venga, Sindaco, venga in Comune» e ci vado di notte che è una notte di festa. Per la prima volta si fa vivo il partito repubblicano a livello nazionale; io sono indipendente, ma La Malfa si congratula. Soltanto Aldo Carboni che mi ha aiutato durante la breve e movimentata campagna elettorale, costellata di minaccia di bombe, e comizi nervosi capisce a che cosa andiamo incontro. "Quando guardo le sue truppe, penso come Nelson, 'come sarà la battaglia?'." scrive sul biglietto che accompagna il mazzo di fiori.

I comunisti decidono di dare l'appoggio esterno a un monocolore repubblicano. Borghini è vicesindaco; Casalini e le due donne che sono state elette, Ines e Lydia, assessori.

Ma l'entusiasmo è finito, tutti ora litigano, vogliono avere ragione su tutto, dare ordini a tutti. I cinque anni che ci stanno davanti sono molto lunghi.

Sono a Villar Perosa da Gianni quando un pomeriggio di settembre mi chiama al telefono Delfina.

«Vieni mamma, Lupo ha avuto un incidente di macchina; è all'ospedale di Grosseto; loro dicono che non ha niente, ma invece sta male.»

Gianni mi impresta l'elicottero, poi l'aereo; organizzo di incontrare un medico ortopedico e da Roma proseguiamo insieme in macchina fino a Grosseto. Entriamo, anche se è proibito, in corsia dove Lupo è sdraiato rigido dalla vita in su. «Faccia venire un'ambulanza e lo porti a Roma al centro traumatologico» mi dice sottovoce il medico che lo visita fingendo di essere uno zio. Lupo racconta di come, trasportato all'ospedale da un passante che ha poi telefonato a casa, sia stato seduto su una sedia ad aspettare.

«Vorrei telefonare a mia madre» ha chiesto.

«Eh, sì, anche a paparino vorrai telefonare. Qui

non si telefona a nessuno. » Poi gli fanno un'iniezione calmante e cade dalla sedia. Al mattino presto arriva finalmente il medico.

«Come sta mio figlio?» domando.

«Sta benissimo, fa un sacco di storie. »

«Può partire per gli Stati Uniti? Deve tornare all'università. »

«Può partire quando vuole, le radiografie sono negative. »

«Allora, per favore, mi faccia chiamare un'ambulanza. »

«Non ha nessun bisogno di ambulanza. »

La chiamo io, firmo, porto Lupo a Roma al centro traumatologico e scompare in barella dentro al Pronto Soccorso. Mi chiamano; un medico con la barba attacca le radiografie al vetro illuminato «Ecco qua; due vertebre cervicali incrinate; lo mettiamo in trazione, poi una minerva; ne avrà per sei mesi».

«Sei mesi?» esclamo.

Si volta, seccato «Si metta in ginocchio, Signora, e ringrazi il cielo che suo figlio non sia morto o paralizzato a vita; altro che sei mesi».

Qualche settimana dopo vado a Grosseto a parlare con il presidente dell'ospedale. «E se non fosse stato mio figlio? Se non avessero potuto chiamare un altro medico? Se avessero fatto quello che dicevano loro? Se il ragazzo fosse rimasto paralizzato?»

È gentile, scuote la testa; sa le cose sono così; no, non si possono prendere provvedimenti; no, nemmeno contro l'infermiere che lo ha volutamente bistrattato perché sapeva che era mio figlio; sa, il sindacato; sa, l'ordine dei medici. Mi dispiace, Signora, per fortuna è finita bene.

Torno in Comune.

Ricevo ogni giorno decine di persone. Soltanto con quelli che mi dicono «Le ho dato il voto» mi spazientisco. «Non mi interessa per chi ha votato, mi dica di che cosa ha bisogno.» E gli amici repubblicani si inquietano.

Viene una signora con la figlia; il fidanzato ha bisogno di un lavoro. «Vorrebbe fare il commesso, Signora lo aiuti lei.»

«Ma, in quale tipo di negozio, cosa vorrebbe vendere?»

«No, Sindachessa, "un m'ha hapito"; vuole fare il Commesso alla Camera dei Deputati!»

Le mogli tradite, la puzza del fritto proveniente dal ristorante vicino, l'albero che dà l'allergia alla figliola, il vicino che disturba, la buca sulla strada, il lavatoio chiuso, tutto è oggetto di lamentele per il Sindaco. Poi d'estate l'acqua; manca l'acqua, Sindachessa non abbiamo l'acqua; sarà tre giorni, cinque giorni, nove giorni che non arriva l'acqua. Faccia qualcosa lei, ci faccia arrivare l'acqua.

Come se io potessi aprire un rubinetto e risolvere il problema.

Ho fatto venire una fisioterapista dalla Svizzera; è una figlia di Topazia, la mia amica d'infanzia. Gira per le case, per le famiglie, con la vigilatrice scolastica per vedere se c'è qualche bambino handicappato che possa essere aiutato. Preferiscono tenerli nascosti anche quando Allegra mi garantisce che ci sarebbe la possibilità di recupero.

Un medico propone una profilassi di pasticche al fluoro per combattere la presenza sorprendente di carie nei bambini in età scolare. Le facciamo distribuire a scuola a tutti i bambini; appena le hanno messe in bocca le sputano nei gabinetti su istruzione delle mamme alle quali qualcuno ha detto che "le pasticche fanno male".

Il nostro ambulatorio è stato inaugurato; i turisti lo chiamano l'ambulatorio svedese; le infermiere sono pulitissime, i medici cortesi, la sala di vaccinazione efficientissima, il pronto soccorso super-moderno.

Si è aperta anche la biblioteca comunale con grandi vetrate ad arco sul lungomare. Si riunisce il Comitato Biblioteca, obbligatorio in Regione Toscana.

Un rappresentante è categorico «Non vogliamo romanzi, non sono cultura; vogliamo solo testi tecnici o testi marxisti».

«Ma secondo lei, Tolstoi non è cultura, Dostoevskij non è cultura, Manzoni nemmeno?»

«No, noi vogliamo una biblioteca tecnica, che è l'unica utile.»

Non tutti per fortuna sono d'accordo.

Intanto è uscito *Vestivamo alla marinara*; in qualche mese ne stampano quattro, cinque edizioni. Cesare sceglie le centinaia di volumi che la Mondadori, la Fabbri, Rizzoli ci mandano con l'aiuto di amici dell'Argentario. Cultura o no, è una bellissima biblioteca.

Ci mandano, in regalo, anche tanti quotidiani per l'emeroteca, ma nessuno va a leggerli.

Dopo due anni dall'inaugurazione, non uno degli insegnanti di tutte le scuole di Porto Santo Stefano è mai andato a consultare o a prendere in prestito un libro. Perché stupirsi quando un assessore alla cultura di una grande città italiana dichiara alla stampa che è un fatto "positivo" che si rubino i libri dalla biblioteca, o si strappino dai volumi le pagine che interessano, perché è il segno che la gente ha interesse per la lettura?

Arrivano anche due architette milanesi per progettare, insieme a Carossia, la scuola materna di Porto Ercole, che sarà in parte finanziata da un contributo di Cala Galera.

«Questa è concussione, è una vergogna» grida il professor Gilardini quando pretendo la somma, prima di concedere che i box già costruiti nel porto, diventino negozi.

La scuola avrà una rampa che porta alla zona di riposo con le brandine, un teatrino per le rappresentazioni, il forno all'aperto per il pane, gli strumenti a misura di bambino per imparare a cucinare, l'orto all'aperto per coltivare i fiori, le zone per la pittura, il refettorio a vetri, le verande coperte e intorno un giardino con i giochi, pieno di alberi e cespugli fioriti.

Prima la scuola materna di Porto Ercole era un androne freddo con i gabinetti nello stesso stanzone con la cucina e i banchi; non un filo di verde intorno.

Ma quella era al centro del paese; questa è appena all'uscita, ci vogliono due minuti di macchina; dieci minuti a piedi.

Le maestre non accendono il forno perché è troppo faticoso; non usano gli strumenti di cucina perché i bambini potrebbero farsi male; non li fanno coltivare l'orto perché si sporcano le scarpe; non li fanno dipingere perché la pittura sul grembiulino disturba; non li fanno nemmeno riposare sulle brandine se no le mamme si lamentano che, quando i figlioletti tornano a casa, vogliono stare svegli fino a tardi. Dopo un po' li rimandano su dalle suore nell'asilo che è un lascito dei marchesi Ricasoli, dove non c'è niente; ma è più vicino.

Teresa si occupa della mia casa a Roma. Quando arrivo domando «Ha telefonato qualcuno?».

«Nessuno» risponde convinta.

«Proprio nessuno? Nemmeno il dottor Carli?»

«Sì, il dottor Carli, sì; ma dalla macchina.»

«E Cristiano?»

«Il signor Cristiano chiama sempre; da Parigi.»

«E dal partito? Dalla Camera?»

«Certo, hanno detto che deve andare a votare.»

«Quando?»

«Hanno chiamato due ore fa, che andasse subito.»

«Gli altri figli?»

«La signora Samaritana richiama. Ilaria ha detto che chiami lei. Lupo, lo sa, che non chiama mai.»

«L'avvocato?»

«Ah, sì; l'avvocato è arrivato, l'aspetta a pranzo.»

Iniziamo le due grandi battaglie; dell'acqua e delle fognature. Tempesto i tecnici dell'acquedotto del Fiora; faccio intervenire rabdomanti e specialisti; scavare pozzi; piazzare pompe e motori mentre torturo Chinchino Compagna, allora ministro dei Lavori Pubblici, perché stanzi alcuni miliardi per l'acquedotto del Pitorsino che porterà l'acqua direttamente all'Argentario attraverso la Pineta di Feniglia. Imparo quasi che cosa sia la "piezometrica". Solleviamo tubi, costruiamo serbatoi, miglioriamo gli impianti; all'Argentario arriva sempre più gente, in agosto l'acqua manca comunque.

Le fognature di Porto Santo Stefano e di Porto Ercole scaricano direttamente in mare; nei due porti vecchi, che, d'estate, esalano un tanfo insopportabile. Nel porticciolo della Pilarella, proprio davanti al Comune, i ragazzi della squadra di pallanuoto si allenano tra gli escrementi. Una legge impone a tutti i comuni costieri il depuratore per evitare l'inquinamento marino.

Il Sindaco di Orbetello mi consiglia il nome del professor De Fraia Frangipane che arriva infatti da Milano, studia la situazione, considera ottimale per l'Argentario un sistema di pretrattamento con una canalizzazione di qualche chilometro che scarichi poi nella zona più idonea, il materiale ricavato.

Bisogna studiare le correnti; per mesi e mesi, d'inverno e d'estate una barca a motore esce da Porto Santo Stefano e una da Porto Ercole per lanciare barchette di cartone e vedere dove la corrente le porterà. Si stabiliscono così i due punti ottimali per piazzare la canalizzazione. I due progetti vengono elaborati ed approvati dal Consiglio Comunale; circa nove anni fa. A Santo Stefano l'impianto di pretrattamento sarà al siluripedio in fondo al paese; a Porto Ercole, sotto il Palazzo del Governatore.

La Regione controlla; non è d'accordo; oltre al pretrattamento ci vuole anche il depuratore; bisogna unire un progetto di sistemazione delle fogne interne. Per questo si dà l'incarico a due specialisti mentre il professor Frangipane rifà il progetto come da indicazione della Regione. Tutto ciò comporta un lavoro di mesi e mesi e mesi.

Nel '76 il partito mi chiede di presentarmi alle elezioni politiche Vado a Roma da Ugo La Malfa che mi riceve nel suo ufficio a Piazza dei Caprettari. «Naturalmente» mi dice «se accettasse di candidarsi suo fratello Gianni, per lei la cosa cadrebbe.» Non mi offendo, la vita politica non mi attrae affatto.

Ma Gianni decide di non candidarsi e sarà Umberto, invece, a presentarsi con i democristiani. La sua scelta mi lascia perplessa ma mi dico che non tutti i democristiani saranno come i miei.

Mi presentano nel Collegio di Como, Sondrio e Varese, molto caro a Ugo La Malfa ma dove mai i repubblicani hanno avuto un deputato e poche probabilità hanno di ottenerlo.

Parto in campagna elettorale con il mio consigliere elettorale Aldo Carboni, che chiamo affettuosamente Carboncino, e molta buona volontà. Odio parlare in pubblico; quei trespoli in mezzo alle piazze, dove si suppone che uno faccia réclame a se stesso, mi danno una malinconia indescrivibile. Imparerò col tempo che la tecnica elettorale è quella di studiare un discorso e poi ripeterlo ovunque, dieci volte al giorno e che le cose che contano sono ben diverse. Il direttore delle Poste, per esempio, che può mobilitare tutti gli impiegati postali «Poi controllo, sa; appena fatto lo spoglio delle schede, telefono e chiedo "Quanti voti per il PRI?" non mi possono truffare» o i grandi elettori dai quali dipendono centinaia di voti. Allora le apparizioni in TV erano poco usate; si incontrava gente a colazione, a ricevimenti. Il giornale locale mi attaccava tutti i giorni. A Como il partito era di sinistra, a Varese se non si era di destra non ti votavano, a Sondrio, che dista tre ore di macchina da qualsiasi luogo possibile, il segretario locale del partito voleva solo trovare un lavoro per le figlie e farmi mangiare grandi piatti di pizzoccheri.

Ludina Barzini mi aiutava; Ilaria Borletti che incontravo durante la campagna elettorale, mi avrebbe aiutata in seguito.

Era un'impresa impossibile e faticosissima.

Finita la campagna elettorale, il lunedì notte cercavo di dormire nell'appartamento minuscolo sopra a Gianni dove mi ero trasferita dal Bosco Parrasio che avevo ceduto ai Carraro con una sofferenza indescrivibile. Mai più sono tornata al Gianicolo. Carboncino seguiva dal partito tutti i risultati; alle tre di mattina mi ha chiamato «Onorevole, ce l'abbiamo fatta; coi resti» e finalmente mi sono addormentata.

Il primo giorno a Montecitorio ero emozionata; uno si dice "chissà, forse si riuscirà a cambiare qualcosa". Ho subito fatto la *gaffe* di applaudire un discorso di Luciana Castellina che mi era sembrato un bel discorso. In Parlamento non è così; si applaudono soltanto i propri colleghi di partito o, più tiepidamente, quelli della maggioranza di cui si fa parte. In caso di astensione si accenna qualche volta a un battimani. Nei miei otto anni di Parlamento ho

57

sentito una sola volta un applauso di tutta la Camera a un discorso; quello di Ugo La Malfa dopo il rapimento di Moro.

Non posso fare a meno di chiedermi come si possa poi pretendere dagli italiani di essere sportivi e di riconoscere che il gol dell'avversario sia un bel gol.

Soltanto i miei anni di ginnasio a Torino sono stati cupi come quegli anni di Montecitorio. Ero l'unica donna eletta dai tre partiti laici intermedi. A quel tempo i socialisti erano ancora di "sinistra". Le democristiane mi guardavano con sospetto per via dell'aborto; le comuniste per via del mio nome. Rimanevano le radicali; Emma Bonino e Adele Faccio con le quali facevo conversazione nelle ore interminabili di un'aula semivuota che, stancamente, leggeva i giornali senza nemmeno fingere di ascoltare il prolisso oratore. Quando doveva parlare un comunista, il gruppo comunista rientrava in aula e, alla fine dell'intervento, applaudiva disciplinatamente; lo stesso avveniva per i democristiani con disciplina minore. A me sarebbe sembrato più interessante ascoltare quello che dicevano gli avversari politici, dato che ci si può dire in casa quello che pensa il proprio partito; ma in Parlamento non è così.

Erano gli anni dei quattro radicali a Montecitorio che parlavano ininterrottamente, facendo ostruzionismo su tutto, anche sulle cose che, più di tutti, avevano voluto. Sedute notturne, sveglie alle tre di mattino, per correre a sedersi in un'aula vuota con l'aria viziata (adesso, finalmente, se ne sono accorti!) a *non ascoltare* discorsi ripetitivi e noiosissimi che continuavano per ore ed ore.

Se avevo pochi amici a Roma, li ho persi uno dopo l'altro. Chi sopporta una persona che arriva sempre in ritardo perché c'è stato un voto, o si alza a metà pranzo perché ci potrebbe essere un voto, o disdice all'ultimo momento qualsiasi impegno?

"La Stampa" mi chiese di scrivere una rubrica settimanale, *L'aula*, ma si offendevano tutti e così smisi.

Durante tutti quegli interminabili giorni mi dicevo che all'Argentario, invece, avrei avuto tanto da fare.

E da Como, Sondrio, Varese, reclamavano, indignati, la mia presenza. Furono gli anni della 180 che chiudeva i manicomi, dell'aborto, della riforma sanitaria, e io ero segretaria della Commissione Sanità. Dicevo il mio punto di vista di Sindaco di un piccolo Comune e mi tacitavano «Ma dài, Agnelli, tu personalizzi tutto».

Soltanto al momento del voto sulla riforma sanitaria andai da Ugo La Malfa e gli dissi che se il partito avesse deciso di votarla, a titolo personale mi sarei astenuta. La Malfa accettò la mia protesta, unita a quella di Bogi, contro questa legge di riforma, demenziale, e tutto il partito si astenne. Appena potevo correvo all'Argentario, dove le questioni del Comune mi apparivano sempre più vive, sempre più vere, sempre più immediate.

Ci deve essere una filosofia molto saggia che ha indotto le autorità competenti a fare sì che ottenere le carte per sposarsi con uno straniero sia così difficile.

«Mamma» mi dice Cristiano «non è possibile che non riesci a ottenere questo foglietto da mandare in Francia perché io possa sposarmi. Sonia sta cominciando a innervosirsi.»

«Ma perché, essendo lei argentina e tu italiano, dovete andare a sposarvi in Francia?»

«Lo sai che sua nonna è vecchia e abita a Biarritz e Sonia è la sua unica nipote.»

«Tenterò ancora» e in Comune insisto mentre l'impiegato all'anagrafe mi ripete con la sua voce pacata che il documento deve essere richiesto dal Consolato e io sostengo che non è possibile perché manca il tempo e lui inflessibile dice che la prassi è quella, non si può consegnare a un privato. Il foglietto è lì, davanti a noi.

«Le dispiace voltarsi» dico e sottraggo il prezioso documento.

«Ecco, adesso io l'ho rubato; lei non l'ha visto; tra una settimana glielo riporto e la cosa finisce qui.»

È l'unica volta in dieci anni che ho approfittato della mia posizione di Sindaco.

Cristiano e Sonia si sposano in una Biarritz ventosa e soleggiata con l'atmosfera degli anni Trenta.

Ilaria si era separata e viveva con le sue due bambine. A Samaritana era morta la prima figlia dopo anni di malattia e di sofferenza; aveva altri due figli.

Delfina e Priscilla erano sempre all'università negli Stati Uniti; studiavano giornalismo e fotografia. Lupo, che ancora pensava di dedicarsi alla politica, stava prendendo un "master" in pubblica amministrazione ad Harvard. Poi hanno fatto quella stupida legge 159 che imponeva agli italiani di vendere le proprietà all'estero e importare il ricavato.

Sono andata a New York ed ho venduto, malissimo, l'appartamento che adoravo, riportando Francisca con me in Italia.

Cesare, fra una giovane fidanzata e l'altra mi scriveva:...

> ...Cara stella che vedi
> la stupida vita cui ho dato
> più importanza che a te:
> non ti spegnere, non andartene,
> non andartene prima di me.

All'Argentario intanto l'architetto Lugli riceve l'incarico di fare la variante generale al Piano Regolatore che la Regione Toscana ci ha concesso.

Un rappresentante del ministero della Pubblica Istruzione ha indicato come la più idonea delle aree a disposizione per costruire la nuova scuola elementare di Santo Stefano, quella dell'Appetito alto.

Chi non conosce l'amministrazione comunale non può sapere la quantità di autorizzazioni, approvazioni, vidimazioni, visti, eccetera, di cui necessita qualsiasi, anche la più semplice, delle delibere comunali.

Per la scuola, per esempio, venne un signore che accompagnai in giro per il Comune a visitare le aree. Al ministero nessuno sapeva chi fosse «Forse è un millantatore» dicevano.

«Ma a che scopo?» domandavo.

«Gli avete offerto il pranzo?»

«No, nemmeno un bicchier d'acqua.»

«Allora deve essere vero» e si scopriva poi che il funzionario dipendeva da un altro settore distaccato. Ma senza quel visto non si poteva nemmeno iniziare la pratica per la scuola.

E così per la gara del PEEP di Porto Ercole e poi

per quella di Santo Stefano e per la zona artigianale dietro al porto di Cala Galera; sempre a litigare, a discutere con qualche ente superiore e remoto che ignora tutto del problema ma che deve sindacare.

Noi italiani siamo maestri negli inutili controlli.

Gli incendi sono una piaga delle estati mediterranee. Il mio stupore era, all'inizio, il totale disinteresse di tutti gli amministratori ed anche di tutte le autorità nei confronti del fenomeno incendi.

Non ancora Sindaco, ero andata una mattina in motoscafo a Giannutri dove bruciava allegramente una bella punta coperta di macchia mediterranea, verso il mare aperto. Tornata a Santo Stefano, precipitosamente, avevo avvisato la Capitaneria di Porto per sentirmi rispondere « Ma che, c'ha la villa a Giannutri, lei Signora? ».

« Io, no, perché? »

« Ma cosa le importa, allora, che bruci Giannutri? »

Questo era l'atteggiamento generalizzato. Ogni giorno, verso le due, qualcuno appiccava un incendio. Con le due autobotti e gli operai del Comune, il geometra Feroci sempre in testa, riuscivamo con l'aiuto di volontari di passaggio, a domarli.

Fino all'agosto del '75 quando il comandante dei vigili del fuoco che aveva l'ordine di difendere le case e non la vegetazione rifiutò di usare l'acqua per spegnere le fiamme sulla macchia in cima al Pianone e il geometra Feroci se ne andò indignato dicendomi « Io torno a casa, stanotte il fuoco arriverà a Santo Stefano ».

E così fu. Di notte lo mandai a chiamare. Tornò, con la ruspa riuscirono a fare una cessa prima che il fuoco arrivasse al deposito di carburante dell'aeronautica e poi intervennero, in una situazione ormai disastrata, i paracadutisti e i forestali di Città Ducale, reparti della Marina e volontari in una confusione indescrivibile di mezzi meccanizzati che si infilavano in strade senza uscita e non riuscivano a tornare, si perdevano sulle pendici del monte mentre le fiamme continuavano a divorare la vegetazione con un fischio sinistro degli alberi che si trasformavano in torce e l'odore acre del fumo che si estendeva ovunque.

Ci vollero quattro giorni per ottenere l'arrivo di un Canadair che la Francia accettò di inviare; ricordo ancora il primo lancio della bomba ad acqua sul fuoco della zona dei Fondoni; si alzò una nuvola bianca. «Funziona» disse un comandante della Forestale che insieme al prefetto ed altri alti ufficiali, osservava dalla cima del monte, alla RAI.

Dopo alcuni altri lanci il fuoco fu domato nello spazio di un'ora. Erano tutti entusiasti; io più di loro.

Un mese dopo facevano, uno dopo l'altro, relazioni scritte che dichiaravano "non determinante" l'intervento del Canadair per lo spegnimento dell'incendio dell'Argentario che era stato, invece, vinto dagli interventi dei forestali, delle forze armate, dei volontari, dei paracadutisti, eccetera. Il giorno dopo provvide il Padreterno con una pioggia torrenziale che mise a tacere tutto e lasciò il promontorio nero, pelato e lunare per circa la metà della sua estensione.

Poi, per qualche anno, gli incendiari ci lasciarono in pace.

Teresa prova un gusto sadico quando può spiegarmi che tutto, in casa, va male.

« Non funziona l'ascensore! » Il mio appartamento è al sesto piano.

« Non viene l'acqua » se rientro con 40 gradi da una commissione fumosa e sogno soltanto di togliermi di dosso quell'odore.

« Hanno tagliato il telefono, per lavori » se aspetto una telefonata importante.

« L'antenna della televisione è caduta; non si vede proprio più niente » se ho deciso di guardare un film.

Oppure se arrivo, affamata, da un viaggio:

« Cosa c'è da mangiare in casa? »

« Niente, Signora! » con un sorriso soddisfatto.

« Della frutta? » chiedo speranzosa.

« Non l'ho comperata perché è giovedì. »

« Uno spaghetto? »

« Li ho buttati ieri perché facevano le farfalle. »

« Vabbè, pazienza, un pezzo di pane l'avrà? »

« No, neanche il pane, non lo prendo più perché mi fa ingrassare. »

Vinta dico « Vada di sotto, dall'Avvocato, a farsi dare un bicchiere di latte ».

I miei figli ripetono « Ma lo sai che è fatta così, Teresa! ».

Borghini, dopo qualche anno dedicato al Comune, incomincia a scalpitare. Vuole, giustamente, guadagnare e farsi strada. Casalini è diventato direttore della sua banca a Orbetello. Una sera a pranzo da Gianni e Marella ho chiesto a Guido Carli, ancora Governatore, di aiutarlo. Marella mi sgrida «Lo sai che il Governatore non sopporta le raccomandazioni!».

Ines e Lydia hanno problemi con i mariti, con i figli, ma tra noi donne è facile intendersi; da parte degli uomini c'è sempre, verso di loro, un tono sprezzante.

Sia Casalini sia Borghini vogliono avere il dominio sul partito repubblicano dell'Argentario che, di fatto, non esiste.

Una sede impossibile, le tessere mai pagate, l'indifferenza totale nei confronti dell'amministrazione se non per formulare critiche e pretendere di essere informati e di poter influenzare lo svolgimento del Consiglio attraverso quella che si chiama "la preconsigliare" dove tutti litigano e fumano, di notte, e dove io rifiuto di intervenire.

Due australiani, marito e moglie, gestiscono l'Hotel Pellicano. Lui viene a trovarmi in Comune. Non è possibile continuare così, mi spiega, ogni anno tutto il guadagno dell'albergo se ne va per pagare le multe che gli vengono inflitte per le rivendicazioni sindacali dei dipendenti.

Qualsiasi cosa egli faccia per tenersi in regola non serve; sempre, c'è qualcosa che non va.

«Mi sta chiedendo un consiglio?» mi metto a ridere «si prenda un direttore comunista e vedrà che andrà tutto a posto.»

L'anno dopo lo incontro a Porto Ercole.

«Allora come va, al Pellicano?»

«Benissimo, ho seguito il suo consiglio. Aveva ragione.»

Anche se l'ufficiale sanitario mi porterà con sé a constatare che al Pellicano lavorano ragazze straniere senza libretto sanitario, gente di colore senza regolare contratto, tutto d'ora in poi filerà nel migliore dei modi.

Nella primavera del '79 era morto Ugo La Malfa; mi aveva enormemente rattristata la scomparsa di quest'uomo che sapeva essere, a tu per tu, così pieno di senso dell'umorismo e di fascino. Mi aveva chiesto tante volte di prendere la tessera del partito, avevo sempre detto di no e ora, in sua memoria, chiedevo l'iscrizione al PRI e mi presentavo repubblicana alle elezioni del '79; politiche ed europee praticamente insieme. Non volevo più andare a Como, Sondrio, Varese, dove gli "amici" si lagnavano continuamente della mia assenza e dove, quando andavo, mi intrattenevano per ore sui consiglieri repubblicani locali che avevano l'abitudine di diventare indipendenti appena eletti.

Mi sembrava, e forse sbagliavo, che un deputato dovesse occuparsi di altre cose.

Ma, con Spadolini capolista, mi ripresentai; Giorgio La Malfa intanto mi voleva a Torino e accettavo con entusiasmo. Erano praticamente chiuse le liste quando Borghini mi chiamò da Grosseto per pregarmi, per supplicarmi di fare da capolista anche nel Collegio di Arezzo, Grosseto, Siena.

«È impossibile, non potrò mai venire a fare la campagna elettorale.»

«È lo stesso, ci serve il suo nome.»

«Non posso, mi presento capolista anche alle elezioni europee in Piemonte, Lombardia, Liguria.»

«Ma è un favore che le chiediamo; faremo noi la campagna per lei, non ha bisogno di essere presente.»

Alla fine, stupidamente, mi lasciai convincere.

Non soltanto io, ma nessun altro del partito aveva fatto campagna elettorale e tutti avevano buon gioco nel dire che la mia popolarità all'Argentario era crollata. Pochissimi infatti mi avevano dato un voto che sapevano non interessarmi; si crede sempre che il cittadino italiano sia un cretino, invece non lo è. Sia gli amici sia gli avversari politici consideravano un insuccesso clamoroso il fatto che i repubblicani avessero perduto tanti voti dalle amministrative del '75.

Fu una campagna elettorale durissima; mentre a Torino giocavo praticamente in casa e tutti mi aiutavano (tutti, eccetto "La Stampa", beninteso, che doveva dimostrare la sua autonomia dal padronato) il Collegio europeo di Nord-Ovest ci obbligava a corse in automobile da Ventimiglia a Sondrio con interventi a tutte le piccole televisioni private e comizi che, grazie a Dio, non si facevano più in piazza, ma in stanze chiuse dove per Carboncino, era facile, facendo un conteggio dei presenti, stabilire l'andamento della campagna elettorale. «Un c'è problema!» diceva Carboncino, quando si riusciva al mattino a tirarlo giù dal letto e tracciava un programma per la giornata che comportava spostamenti di 1500 chilometri. Avevamo decine di ragazzi torinesi che rastrellavano i mercati e i paesi distribuendo materiale elettorale e parlando alla gente. Spesso portavo con me Jas Gawronsky, allora corrispondente da Mosca per la televisione, e con lui facevamo interviste su cassette che poi mandavamo in giro. Lo avevo convinto a venire in lista con noi per l'Europa. La battaglia più dura era contro i liberali che ci consideravano avversari diretti. L'ultima settimana, dopo i risultati delle politiche italiane, fu la peggiore. Ormai la gente aveva perso interesse.

Finita, la domenica seguente, la campagna europea sono partita immediatamente con Marella e Martina, figlie di Ilaria, per Quiberon sulla costa brettone, quasi irraggiungibile per telefono. Quattro giorni dopo, Cristiano mi ha telefonato da Parigi, dove ora lavorava, e si è stupito «Ma come, non lo sai che sei stata eletta? e anche bene; per il PRI soltanto Visentini e te». Sono rimasta ancora qualche giorno a riposare e fare cure marine, a una dieta di ostriche e tisane. Poi ho riaffrontato l'Italia e il partito.

Il partito aveva stabilito, prima delle elezioni, che ci sarebbe stata incompatibilità tra il seggio europeo e quello italiano e io avevo sempre dichiarato che avrei optato, eventualmente, per quello europeo. Visentini si trovava nella mia stessa situazione; fu perciò con un certo stupore che mi sentii chiedere di rinunciare subito al seggio del Parlamento italiano mentre Visentini li avrebbe mantenuti entrambi.

Andai al partito e ai notabili esterrefatti dichiarai che sarei andata a Montecitorio come deputato di Torino e che mi sarei dimessa da uno degli incarichi quando lo avesse fatto Visentini. «Non credo» aggiunsi «che esista una regola nel partito repubblicano che valga per il senatore Visentini e non per l'onorevole Agnelli.» Firmai che quando fosse stato confermato il seggio di Como, Sondrio, Varese avrei optato per quello. Ciò avvenne 15 mesi più tardi e allora è entrato al mio posto di Torino l'onorevole Gandolfi, evento al quale tutto il partito aspirava.

«Come faremo alle elezioni l'anno prossimo?» mi chiedevano intanto solleciti, gli amici dell'Argentario. «Ha visto quanti voti abbiamo perso con lei capolista?»

«Mi sembrava che fossero elezioni politiche» rispondevo « ma non preoccupatevi, non mi presenterò più, cercate un altro capolista. »

Mentre gli avversari mi ricordavano ad ogni Consiglio che il Collegio elettorale di Grosseto non mi aveva eletta.

Il Parlamento europeo era molto meglio di quello italiano. D'accordo, non aveva potere; ma i colleghi erano persone simpatiche, intelligenti, preparate. Andare a pranzo o fermarsi a chiacchierare con loro era estremamente piacevole. Facevamo parte del gruppo liberale, e, da questo piccolo gruppo, Simone Veil fu eletta presidente del Parlamento.

George Weidenfeld mi aveva chiesto, anche allora, di tenere per un anno un diario; l'ho fatto, ma alla fine, avendolo letto ai miei figli mi hanno detto «Mamma, sei impazzita? Non ti saluterà più nessuno» e così l'ho tenuto nel cassetto. Molti viaggi, sempre in giro; a Bruxelles, a Strasburgo, nelle capitali europee e in delegazioni per il mondo. Troppi pasti eccellenti. Tanti soldi sprecati. Ma nei viaggi, spesso lunghissimi per via degli scioperi, si diventava amici e l'incontrarsi ogni settimana aveva un sapore di gita scolastica.

Il doppio mandato, criticato da molti, dovrebbe essere, secondo me, imposto ai parlamentari europei; altrimenti il collegamento fra l'Europa e il proprio paese si spegne completamente. L'Europa è un qualcosa di avulso e distante che cammina su una propria, remota, strada, non percepita dai cittadini; e penso sia un errore. Moltissimi dei deputati degli altri paesi hanno, infatti, il doppio mandato. Come moltissimi sono sindaci e, nelle discussioni, portano la loro esperienza.

Ma all'Argentario dicevano che io ero troppo assente e che dovevo lasciare il mio mandato europeo. Era inutile spiegare che a Strasburgo c'erano il Sindaco di Lione, di Marsiglia, di Cannes, perfino di Parigi; figuriamoci oggi che ci sono il Sindaco di Torino, di Milano, di Genova, e di Venezia. Ma il Sindaco dell'Argentario, no; doveva andare in ufficio tutti i giorni.

Ero sempre in macchina o su un aereo. Quando arrivavo a Santa Liberata, guardavo il mare, mai uguale, mai immobile, che davanti alla mia finestra mi dava la serenità. Guido, guardandolo mi diceva «Se vivessi per una settimana davanti a questa finestra, mi suiciderei». Certo eravamo molto diversi, e per questo molto amici, a discutere insieme le mille cose della vita. Spesso veniva a passare con me il fine settimana e mentre io camminavo sul Monte, lui leggeva tonnellate di giornali che poi mi riassumeva. A lui piaceva il mare caldo, a me freddo; lui si arrostiva al sole, io cercavo l'ombra; a me piaceva muovermi, a lui stare fermo; non parlavamo mai delle nostre vite passate; gli amici che venivano a trovarci si stupivano di un Guido così spiritoso e ridanciano.

I miei nipoti avevano imparato la Feniglia in bicicletta, l'incanto delle stagioni nella duna tra la laguna e il mare. Il sabato pomeriggio andavo alla messa dei Passionisti che, col tempo, diventarono miei cari amici. Le eterne prediche mi tenevano lontano dalle chiese di Santo Stefano dove partecipavo invece alle processioni interminabili che si svolgevano non so quante volte l'anno. Con la fascia tricolore, fiancheggiata dai comandanti dell'Aeronautica, della Marina, della Finanza, dei Carabinieri e dei Vigili Urbani attraversavamo tutto il paese, preceduti dalla banda sempre uguale della Refola e dalle litanie delle Dame di San Vincenzo velate di nero. Al ritorno avevo un gran mal di schiena, ma gli "amici" insistevano: «Devono vederla». Una costante dei miei dieci anni di Sindaco è stata infatti la lagnanza che "non c'ero mai" mentre altrove, semmai, la gente si lagnava che io pensassi solo e sempre all'Argentario.

Giovanni e Jolanda, dopo quarant'anni continui di vita in casa mia, avevano deciso di andare in pensione. Con la loro macchinetta viaggiavano ora per l'Italia, visitando la famiglia mia e la loro, partecipando alle feste, ai matrimoni e alle cose tristi. Il vuoto che lasciavano era fatto di cose vissute, due amici veri che si allontanavano; due amici che di me sapevano tutto come io tutto sapevo di loro; una vita trascorsa insieme. Arrivava Calimero con la sua barba scura e i suoi modi da ex carabiniere.

«Ma non è possibile che si chiami Calimero, veramente?» rideva la gente. E invece, sì, era il suo nome di battesimo.

Calimero sedeva in macchina con la sua 357 Magnum pronta a sparare, mentre tentavamo di sostituire Giovanni; con una ragazza che guidava molto bene, ma non voleva aspettare; con un giovanotto che doveva sempre andarsene perché lo aspettavano in un convento; con un altro ragazzo che dimenticava la pistola su tutte le spiagge e rocce che frequentava con la fidanzata e i carabinieri la ritrovavano disperati temendo un delitto. Continuavamo a cambiare e Calimero si disperava.

Calimero detestava i democristiani e i comunisti;

non so quali di più. Aveva anche lui una infinità di "fidanzate" sparse dappertutto in Italia; ma Francisca ci aveva proprio perso la testa e Jolanda, quando tornava a trovarmi, si sedeva in camera mia e un po' rideva un po' disapprovava.

Vengono tanti giornalisti a intervistarmi, per via del libro, per via del Sindaco, per via dell'incendio. "Ma chi glielo fa fare?" chiedono quasi tutti, ad un momento dell'intervista.

Nessuno ha forse mai capito quanto io ami l'Argentario e quanto io speri di riuscire a fare quelle cose che la gente mi chiede e che io considero giuste.

A Santa Liberata c'è una scuola inutilizzata da anni. La si usa soltanto come seggio elettorale nei giorni delle elezioni; anche se da noi frequenti, in media tre giorni l'anno.

Ci vive la bidella di un tempo asserragliata in una delle aule; non c'è praticamente mai perché ogni volta che cerco di fare un sopraluogo non riesco ad entrare.

I carabinieri non trovano alloggi per le loro famiglie all'Argentario; nessuno infatti affitta per tutto l'anno un appartamento, quando, affittandolo soltanto per luglio e agosto guadagna il doppio.

Penso di ricavare nella scuola tre alloggi per i carabinieri. Trecentomila pratiche con venti ministeri; la scuola deve essere dichiarata inutilizzata; il mutuo per fare i lavori può essere concesso solo dal Credito Fondiario; il ministero degli Interni deve garantire che pagherà l'affitto al Comune ma per fare questo bisogna che sia istituito il posto fisso dei Carabinieri; c'è bisogno di un ufficio esterno collegato all'edificio; montiamo un prefabbricato e il vicino, che è un ex prefetto, ci denuncia per violazione dei confini. Si scopre che il terreno dove sorge la scuola non è mai stato acquistato dal Comune, la pratica non è completa.

Finalmente vado a Grosseto a firmare il mutuo nella sede della Banca d'Italia; dal ministro Rognoni perché autorizzi la pratica del trasferimento dei carabinieri, parlo ottanta volte col ministero della Pubblica Istruzione per poter chiudere definitivamente la scuola. A quel punto la bidella che, comunque vive a Pistoia da una figlia, rifiuta di abbandonare la sua aula.

«Sa, è repubblicana» dicono gli "amici" «è meglio lasciarla stare, vota per noi.»

«Troviamole un'altra casa.»

«Non la vuole, vuole stare lì.»

Dopo mesi di discussioni si decide di sgombrare la scuola con la forza pubblica. Una dopo l'altra escono nove brandine.

«Ma come, non lo sapeva, Signora? Se la affittava d'estate, la bidella, per questo non voleva andare via.»

Anche a Santo Stefano c'è un'orrenda scuola materna, la Cuniberti, al centro del paese. Due stanze senza aria e senza luce dove i bambini studiano seduti al banco, poi mangiano allo stesso banco, poi appoggiano la testa sullo stesso banco e dormono.

Malfatti è ministro della Pubblica Istruzione; ha una casa alla Parrina, nel Comune di Orbetello. Tanto lo scoccio che decide di fare una scuola materna sperimentale, dunque a totale carico dello Stato, a Santo Stefano.

Espropriamo uno dei terreni più belli della zona, di proprietà del notaio Galgani, per fare la scuola vicino alle case popolari di Lividonia e, ad una velocità incredibile per i tempi comunali, la scuola è finita. Intanto la scuola elementare dell'Appetito subisce ritardo dopo ritardo per via di una frana sopravvenuta e della difficoltà per i finanziamenti. Il Comune acquista anche due scuolabus perché i bambini siano accompagnati alla scuola Galgani che, finita, è una meraviglia. Tutte le nove aule danno sul prato; il refettorio e le cucine e i bagni farebbero invidia anche alla Svizzera. Ma, alla Cuniberti c'è una maestra che ha tutto l'interesse a che si continui a tenere aperta questa bruttissima scuola. Il perché non si chiede: a

Santo Stefano lo sanno tutti. Così alla scuola Galgani, che ha le attrezzature per 150 bambini, si riscalda per 150, la cucina è servita da cuoche per 150 e così via, vanno sì e no 60 bambini mentre gli altri 60 si affollano nella orrenda Cuniberti.

Ho invitato le mamme in Comune per portarle col pullman a visitare la scuola Galgani. Hanno rifiutato di venirla a vedere dicendomi anche «Forse se la vedessimo le daremmo ragione, così preferiamo non vederla». «A noi fa comodo la Cuniberti», «Vediamo i bambini dalle finestre», «Li portiamo quando vogliamo», «Li andiamo a prendere quando vogliamo», «Sa con il pulmino la mia bambina rigetta» e così via.

Sono riuscita a portare due mamme con la mia macchina, tre minuti di strada dal Comune «Ha ragione lei, Signora, ma sa la Cuniberti è un'abitudine».

Poi alla scuola Galgani sono andate alcune classi delle elementari e le maestre mi dicevano «Che peccato, che vergogna, lasciare queste aule vuote».

Ho scritto una lettera a tutte le mamme spiegando anche, che, per fare quella scuola, avevamo espropriato un cittadino come loro e che alla Cuniberti, si sarebbe potuta fare una ludoteca nella quale tutti i bambini avrebbero potuto andare a qualsiasi ora del giorno a giocare. Nessuna mi ha risposto.

Avevamo espropriato, proprio al centro del paese, vicino al Comune, una bellissima proprietà, allora un meraviglioso, incolto, giardino pieno di oleandri e di profumi.

Ci abbiamo speso centinaia di milioni per fare un giardino pubblico che tutti reclamavano da anni. I democristiani si sono opposti, con clamori indescrivibili a che vi si mettesse un edificio da adibire a caffè e sala di ritrovo, dove avrebbe potuto vivere un guardiano.

« Adesso finanziamo "Grande Italia" » gridavano.

Si fece soltanto un palco per il teatrino, una pista di pattinaggio a rotelle, un piccolo campo di calcio.

Nello spazio di mesi, senza guardiano, i fiori furono strappati, i cespugli divelti, gli alberi spellati, i giochi, i più resistenti che il mercato italiano offrisse, piegati a martellate. Rotte le piastrelle della pista di pattinaggio che nessuno ha mai usato, rotte le panchine, gettata la ghiaia in mezzo ai prati scorticati. I vialetti ridotti a pista di cross dai motorini che non avrebbero dovuto entrare.

« Ci dovreste tenere un vigile giorno e notte » dice la gente. Già, ma quale vigile quando il Comune ne ha, in tutto, quindici per controllare l'intero territorio.

Oggi i democristiani che amministrano mi dicono « Aveva ragione lei; bisognava metterci il guardiano ».

La piazza di Vigevano la conosco perché Lupo, sempre imprevedibile, decide di farsi operare il gomito del tennista in quell'ospedale. Lo accompagno, poi, mentre è in sala operatoria, vado a camminare sulla piazza, effettivamente stupenda, di cui Cesare mi diceva sempre «Come è possibile che tu non conosca la più bella piazza d'Italia?».

Mi riconoscono, mi fermano «Come mai, qui, Signora Agnelli?». Poi anche da parte loro uno stupore che non nascondono «Suo figlio è venuto a farsi operare a Vigevano?».

Almeno abbiamo coperto con il pallone la piscina che è riscaldata e la nostra squadra di pallanuoto riscuote grandi successi.

Il professor Frangipane ha rifatto il progetto per le fognature e il depuratore; andiamo insieme alla Regione Toscana dove viene approvato. È la terza volta che il Consiglio Comunale vota il progetto all'unanimità.

Una disposizione di legge avverte che verranno finanziati, dalla Cassa Depositi e Prestiti, a totale carico dello Stato, gli impianti di fognature già progettati ed approvati.

Corro alla Cassa Depositi e Prestiti con il progetto approvato.

«Ci vuole il visto della Regione.»

Quando la Regione rifiuta di mettere il visto faccio una denuncia per omissione di atti di ufficio. È il 1980. Ormai tutte le amministrazioni locali stanno per decadere.

Questa volta Teresa è raggiante.

«Le ho fatto la polenta, Signora. E funziona anche la televisione.»

«Non ci posso credere, Teresa. Me la porti così vado a dormire.»

Arriva con un semolino color limone che fluttua in un piatto da minestra.

«Come polenta, Teresa? Ma questo è semolino.»

«È farina fine; c'è chi la preferisce così.»

«Chi è, chi? mi scusi.»

«Ci sono persone che preferiscono la polenta fine.» C'è un tono di rimprovero nella sua voce nei confronti della mia ignoranza culinaria.

«Per esempio, quali persone?»

«Per esempio mio cognato.»

Mentre mangio l'orrendo semolino mi dice «Sa che Delfina si è innamorata?».

«Delfina? E di chi?»

«Di un professore, con la barba. Vedrà che le piacerà molto.»

Da qualche mese Delfina vive nel mio piccolissimo ex appartamento e io mi sono trasferita accanto, in quello più grande. Dalla finestra la vedo sul balcone con un giovane moschettiere sorridente.

«È questo Carlino?»
Si sposeranno; è un ragazzo d'oro.

Borghini non è più vicesindaco. Presiedere la Commissione per la variante al Piano Regolatore gli dà grande prestigio. Casalini aspira ad una nuova promozione alla Banca. Se io do ragione a uno l'altro si offende. Se sono d'accordo col secondo si offende il primo. La loro rivalità è esasperata.

Il partito continua a non esistere se non per la rivalità dei due che vogliono sempre imporre la propria opinione.

«Due galli nel pollaio» sentenzia Fortunato «non ci stanno bene.» Ormai a pochi mesi dalle elezioni amministrative la nostra lista è ancora completamente per aria. Io continuo a dire che non mi presenterò; Borghini si lascerebbe anche tentare a fare il capolista ma, alla sola idea, figuriamoci Casalini; tutti litigano. Anche negli altri partiti non si presentano grandi candidature, gli stessi di sempre. Unica nota di rilievo la lista liberale, capeggiata dal marchese Corsini, che ha deciso di scendere in campo, fiancheggiato da un ex repubblicano, Santini, agente immobiliare e grande arringatore di folle, che ha l'abitudine, con qualsiasi partito si presenti, di non essere comunque mai eletto.

Decido di scrivere una lettera ai cittadini dell'Ar-

gentario, per spiegare per quale ragione, contraria-
mente a quello che avevo detto negli ultimi tempi, mi
candiderò nuovamente.

Da sempre ho gli stessi guardiani a Santa Liberata. La figlia cresce, si innamora, si sposa con un santostefanese.

Sì, è vero, mi chiedono sempre di aiutarlo a trovare un lavoro in Comune e io ogni volta rispondo «Ma come, a meno di trent'anni uno ha come aspirazione quella di fare il bidello tutta la vita? Ma per carità troviamogli un altro lavoro; poi lo sapete che io non raccomando nessuno perché venga assunto in Comune».

Arriva un pomeriggio "esilarato" Borghini. «Lo sa, Sindaco, che il genero dei suoi guardiani ha preso la tessera del PCI, così gli han promesso che gli danno il posto di bidello?»

«Mi sembra impossibile.»

Invece è vero e quando l'operazione non andrà in porto, farà il corso di infermiere professionale e, già dai primi mesi di frequenza in ospedale, si crederà un grande medico e dispenserà a tutti i famigliari consigli, diagnosi, cure e ricette.

Si fa un congresso di cardiologia, su dai Passionisti. La signora Santambrogio (pacemakers) lo ha organizzato; la invito a colazione e mi descrive i suoi parties nell'appartamento al Forte La Rocca, che ha acquistato da poco.

«Ce l'hanno tutti con lei, sa, a Porto Ercole.»

«Tutti, chi?»

«Beh, tutti quelli che vengono alle mie feste; i Bucci Casari, i Corsini, i Borghese. Quelli con cui ci si incontra tutte le sere.»

«E perché, ce l'hanno con me?»

«Sa, il fatto che lei abbia fatto togliere il crocifisso dalle scuole.»

Prendo la signora Santambrogio, la siedo esterrefatta in macchina, la porto davanti alla scuola materna di Porto Ercole e dal vetro dell'entrata le indico il crocifisso.

«Lo vede il crocifisso, sono andata a comprarlo io, personalmente a Roma, nel negozio di via dei Cestari la sera prima dell'inaugurazione della scuola. Lo dica ai suoi amici che sono dei bugiardi» e la riaccompagno a casa senza un'altra parola.

Ma capisco che, in aria, c'è qualcosa. Il qualcosa mi viene confermato quando vado in chiesa a Santo Stefano ad una cerimonia e mi accorgo che al momento della comunione, le donne mi guardano incuriosite quando mi avvicino all'altare.

Mancano poche settimane alle elezioni; ricevo un messaggio; il vescovo desidera vedermi a Orbetello, all'Arcivescovado.

È in piedi nel suo ufficio al secondo piano; piccolo, tronfio, presuntuoso, ordinario; ha un sorriso di vittoria sulle labbra scure.

«Ho qui l'atto di scomunica per lei.»

«Di che cosa?» non riesco a capire.

«Di scomunica; c'è scritto; lei non può fare la comunione in alcuna chiesa della zona, né in alcuna chiesa dove la riconoscano.»

«Sarà facile, trovarla, in Italia» lo guardo «e posso sapere perché?»

«Perché ha dichiarato pubblicamente che avrebbe votato la legge sull'aborto e perché ha partecipato a manifestazioni con i radicali.»

«Beh, senta Eccellenza», sono indignata, «per l'aborto, passi, è vero l'ho votato, ma l'unica manifestazione radicale alla quale ho partecipato è stata la marcia di Pasqua dopo aver mediato con il nostro ambasciatore in Vaticano e con il vostro Nunzio Apostolico, l'arrivo a Piazza San Pietro.»

«Ecco la sentenza» e mi tende un foglietto.

Appoggio la testa contro il braccio verso il muro e piango «Come fate» mormoro «come fate a essere così cattivi?» poi me ne vado senza salutare il vescovo trionfante.

Calimero mi vede sconvolta «Che gente, Signora, che gente» commenta anche per me.

Non ci dormo, mi dispero. Francisca ripete «Porqué no los deja; que se ahogen, toda esa gente»

92

e la sua maniera argentina di risolvere tutti i problemi riesce a farmi sorridere.

La mattina dopo racconto la cosa in Comune; don Angelo, il nuovo parroco, giovane, intelligente, umano, parte per Roma. Al ritorno verrà a casa mia chiedendomi di firmare l'impegno a non parlare più di aborto in pubblico e la scomunica viene revocata. Caro, caro don Angelo. I miei rapporti con il vescovo sono, d'ora in avanti, gelidi, anche se ha il coraggio, un giorno, di dirmi che usa nelle sue omelie le parole che io ho detto, in una trasmissione televisiva, sui "figli".

Durante alcuni anni i democristiani hanno avuto per capogruppo un uomo di grande intelligenza, di una cortesia e lealtà assolute, Priamo Wongher; una brutta malattia se l'è portato via; al suo funerale c'erano quasi più repubblicani che democristiani. Adesso, senza di lui, siamo tornati ai colpi bassi.

«Perché non chiede al dottor Carli di venire in lista con noi?» l'idea è di Casalini.

«Perché non gli verrebbe mai in mente di accettare.»

«Ma lei ci provi; una volta ha detto che voleva fare il Sindaco.»

«Ci proverò, ma non contateci» e li lascio a litigare.

Borghini è da una parte contrario, perché l'idea è di Casalini, dall'altra spera che una candidatura di prestigio possa favorirci e insiste anche lui.

La prima volta che lo accenno a Guido si mette a ridere «Ma sei matta!».

Ritorno alla carica; insisto. Ricordo di essere ricorsa alle più basse motivazioni; oltretutto è vero che il pensiero di avere finalmente un amico in Consiglio Comunale con il quale discutere dell'amministrazione senza secondi fini, mi attrae enormemente. Penso ad un piccolo Comune del Piemonte dove ho conosciuto un gruppo di giovani, uomini e donne, tutti amici tra di loro, che si sono fatti eleggere e amministrano con passione e allegria.

Sono stata malinconica, poi insistente, poi commossa, poi supplichevole.

« Ci penserò ventiquattro ore » e io avevo le lacrime agli occhi. Alla fine Guido ha detto di sì.

« Come è da te » gli diceva il suo amico Visentini « presentarti in un piccolo Comune; c'è tutto il tuo snobismo » mentre il partito repubblicano nazionale sbandierava ai quattro venti questa candidatura inaspettata. Ma adesso bisognava decidere l'ordine della lista. « Alfabetico » dichiarava Borghini, « è un'abitudine repubblicana » mentre altri suggerivano di mettere Carli capolista con me. Sul mio nome, che inizia per A, non c'era possibilità di discussione; se no si sarebbe avuta anche questa.

« Ma chi lo conosce Guido Carli? » diceva Borghini « come faremo a convincere la gente a votarlo? ».

« Ma lo volevate tanto » interrompevo io.

« Era Casalini che lo voleva! » Alla fine la lista risultò per ordine alfabetico Agnelli, Borghini, Carli, Casalini e si iniziò una campagna elettorale all'ultimo coltello; intendiamoci, ognuno in casa propria.

Borghini andò di casa in casa, da amico ad amico, da parente a parente, spiegando che dovevano votare per lui che era di Santo Stefano e che, adesso, bastava, con questa gente venuta da fuori. Calimero incontrava un nostro consigliere che gli diceva « Franco è preoccupato; cosa dirà la Signora quando vedrà che lui ha tante più preferenze di lei? ».

Ma, al dunque, anche se il PRI passava da dodici a dieci consiglieri io avevo ancora molti, molti più voti di tutti; Guido dietro di me, poi l'astro nascente democristiano Mauro Schiano. A Borghini andarono il doppio delle preferenze di Casalini. La lista, l'intera lista, liberale, del marchese Corsini otteneva centodieci voti. Si capisce perché lasciava al fattore la politica! Il transfuga Santini ne aveva ottanta; ma da allora molesta il Comune chiedendo l'autorizzazione a fare comizi; si dichiara il 31mo consigliere e ultimamente, annuncia, con largo spazio su "L'Espresso", che, alle prossime elezioni capeggerà, speriamo per lui con maggiore fortuna, una lista "contro la Agnelli che distrugge l'Argentario".

Il dottor Benito Grassi per la seconda volta non veniva eletto nella lista socialista.

Questa volta fare la giunta fu molto facile; avevamo con i comunisti e il socialdemocratico la maggioranza; i socialisti, anche se offesi quando uno glielo ricordava, entravano senza essere determinanti.

Giardina, il vicesindaco comunista, aveva occhi azzurri e barba da evangelista, l'altro comunista, assessore alla cultura, nipote del parroco, doveva la sua fortuna al fatto di essere il più giovane assessore d'Italia; sul fascicolo delle pratiche scriveva intellettualmente "cazzate". I socialisti erano assessori ai lavori pubblici con un simpatico autista della Rama, e delegati di Porto Ercole con il furbissimo Chegia dal viso triste di cavallo. Il socialdemocratico Scotto assessore ai porti e noi repubblicani, Sindaco io, assessore supplente alle finanze Guido e Nedo Malacarne, pacioccone e devoto al Comune, assessore all'igiene. Cosa inaudita per Monte Argentario, ci riunivamo in giunta e non litigavamo mai; anzi andavamo d'accordo quasi su tutto. I comunisti importanti della Regione venivano a trovarci sia in Comune che a casa ed erano disponibili a tutto quello che noi proponevamo. Bisogna dire che né Guido, né io pensavamo di proporre cose insensate!

Io dichiaravo pubblicamente che la giunta lavorava

bene e che il vicesindaco era "angelico"; infatti, abituata com'ero con gli "amici", amministrare così era un paradiso.

Naturalmente, in Italia produce un certo scalpore una giunta composta da comunisti, Agnelli, Carli. "L'Espresso" vuole fare un servizio; Simonetta Scalfari mi parla al telefono per concordare le fotografie. «Ma non nel tuo ufficio se possibile.» Arriva il fotografo in Comune; mi spiega candidamente che è stato incaricato di fotografare me in bikini e Carli che fuma un grosso sigaro su di un nostro potente motoscafo al largo dell'Argentario.

«Mi pare difficile» ripeto. «Io non ho l'età da bikini, Carli non fuma e non abbiamo, né io né lui, un motoscafo.»

Il risultato della delusione è un'orrenda fotografia con bandiera sullo sfondo e fascia tricolore, dove io appaio in bilico, trascinata verso il basso da due enormi tette; non che mi manchino, ma riesco ancora a stare in piedi.

Priscilla si sposa con Alex Ponti nella chiesa dei Passionisti. Il matrimonio è preceduto da una cena in un ristorante di Parigi: Carlo Ponti, Sophia Loren, i due bambini, Cristiano e Sonia, i fidanzati ed io. Sophia è timida; Carlo Ponti mi parla di politica e dei suoi progetti frustrati sull'Argentario; Cristiano discute coi bambini di giochi elettronici; Priscilla è vestita con un incredibile completo di cuoio pezzato; Alex tace col suo sorriso dolce. Per fortuna i bambini ci intrattengono finché si addormentano uno con la testa sul tavolo, l'altro in braccio alla mamma.

Due mesi dopo, Alex e Priscilla si lasciano.

È inverno, il fuoco è acceso nella casa di Santa Liberata; c'è qualcuno a cena, forse i Robilant, miei amici di Porto Ercole che qualche volta invito, quando Ilaria mi dice al telefono « Prima che tu lo senta alla radio, Gianni si è rotta la gamba, sciando ».

« Quale? »

« L'altra. Sembra sia una brutta frattura, è all'ospedale di Samaden. »

Andrò a Basilea a convincere il chirurgo ortopedico a operarlo, a convincere, per telefono, Gianni, che non vuole, a venire qui a farsi operare. Aspetterò, ore, con Marella, che Gianni esca dalla camera operatoria dove, come in un puzzle, gli aggiustano le undici fratture.

« Era molto meglio se rimanevo a Samaden » mi dirà, poi, interminabili volte, Gianni.

Si prosegue con la variante al Piano Regolatore e la si vota all'unanimità; si prosegue con la scuola dell'Appetito e l'assessore Pollini promette a Carli il finanziamento per terminarla; si progetta il nuovo porto turistico di Punta Nera che è diventato l'unico oggetto di conversazione di tutti i santostefanesi.

Sembra che, senza questo porto turistico, non si possa più vivere; si parla di mozione di sfiducia al Sindaco perché sono tiepida nei confronti della prospettiva porto.

I più accesi sostenitori sono Borghini, Casalini e il nuovo segretario del PRI, Gigetto, che urla continuamente «Il porto, bisogna fare il porto».

Il mio poco entusiasmo deriva anche dal fatto che alcuni tecnici mi hanno spiegato che un porto turistico con quel fondale avrebbe costi tali da renderlo antieconomico.

E il mecenate del porto non è ancora su piazza.

In un Consiglio Comunale esagitato, tutti votano per la costruzione del porto turistico e si indice una gara. L'architetto Lugli, estensore della variante al Piano Regolatore, non viene consultato, si offende e dichiarerà ai giornali che la discussione sulla variante in commissione è stata "un mercato delle vacche".

Siccome sarà stato un mercato, ma lui era presente, mi secco anch'io.

Essendo Guido pignolo e ligio alle disposizioni, presentiamo il bilancio nei termini indicati dalla legge. In seguito il Parlamento imporrà una modifica che non può, logicamente, essere stata approvata dal nostro Consiglio. Tutti i giornali d'Italia riportano che Guido Carli ha sbagliato il bilancio comunale.

Gli "amici" esultano. Guido meno.

Durante le sedute del Consiglio, i democristiani discutono per ore di economia e di finanza. Guido ascolta, poi dice « Non ho capito quasi niente, anzi, niente; ciò è certamente dovuto alla mia ignoranza in fatto di economia ». Gli "amici" mi rimproverano « Non è giusto che Carli ci tratti come se fossimo tutti dei cretini ».

Ogni volta che arrivo all'Argentario, Borghini e Casalini mi dicono che tutto va malissimo; che non abbiamo spazio politico; che i comunisti avanzano nell'opinione pubblica perché io dico che Giardina è un bravo vicesindaco. Che noi dovremmo stare in giunta con loro per fregarli, come avevamo fatto ai democristiani; che i socialisti a Porto Ercole stanno guadagnando terreno; che non facciamo niente e che io, soprattutto, non ho capito che mentre parlo bene del vicesindaco Giardina, lui passa la vita a parlare male del Sindaco Agnelli e dell'assessore Carli.

« Ma Giardina è un buon vicesindaco » insisto. « Io non spiego a nessuno che l'assessore Fanciulli è un ottimo assessore alla cultura. »

« Sarebbe anche difficile, Signora. Chiama "Botteghe Oscure" anche se deve comperare una matita » si indignano « ma lei deve smetterla di dire che va d'accordo col vicesindaco Giardina; non sa le porcherie che le fanno dietro. »

In giunta ne ridiamo; si sa, l'Argentario è fatto così e continuiamo a lavorare; quando io non ci sono il vicesindaco è sempre presente. Anche il delegato di Porto Ercole, Chegia, si dà un gran da fare. Mi chiama una mattina il Sindaco di Orbetello «Ci state rubando l'acqua, Sindaco, dalla sorgente che è del nostro Comune; vada un po' a vedere». La sorgente è infatti un dono del re Umberto I ad Orbetello e Chegia ha fatto, molto ingegnosamente, trivellare sopra alla condotta in modo che l'acqua vada a Porto Ercole invece che a Orbetello; se non fosse un furto sarebbe un'ottima idea. Si dice che Chegia abbia anche fatto manomettere uno dei rubinetti che porta l'acqua all'Argentario; di conseguenza, l'acqua che dovrebbe arrivare a Santo Stefano va invece a Porto Ercole, inondata e felice. Inoltre, fiero dei suoi successi, raccoglie firme chiedendo la secessione di Porto Ercole che vuole diventare Comune indipendente. Chegia mi è molto simpàtico; cerco di spiegargli che, essendo il delegato del Sindaco, dunque il rappresentante del Sindaco, che sono io, non è corretto dichiarare continuamente alla stampa che la mia amministrazione è pessima. Continua imperterrito.

Sono in camera con Lupo, a Roma; chiamano dagli Stati Uniti.

«Sono Daniela.»

«Daniela chi?»

«Daniela Nasi, una cugina di Ilaria. Ilaria è fuori pericolo, non si preoccupi, è al reparto rianimazione.»

«Che cosa le è successo?» la gola mi è diventata secca.

«Ha avuto un embolo, ma non si preoccupi; è fuori pericolo.»

Corro all'aeroporto, volo a Parigi; Cristiano mi viene a prendere, mi accompagna la mattina dopo al Concorde. Sono a N.Y. alle 8 e mezzo, alle 12 all'ospedale di Southampton e in sala di rianimazione. Box di vetro dividono un paziente dall'altro, due infermiere sedute al tavolo centrale controllano i computer. Vedo di fronte a me lo scheletro di Ilaria con due grandi, immensi occhi e intorno a lei piccoli video con le strisce colorate che guizzano, l'ago dentro al braccio, i lacci che la legano ai computer. Sorride quando mi vede; mi avvicino «Ilaria, ma cosa hai fatto Ilaria?» ho l'angoscia in bocca.

«Dicono che è un embolo, ma non dovevi venire, sto meglio.»

«No, ma cosa hai fatto, perché sei così magra?»

Alza le spalle, sorride, con un'ombra di lacrima negli occhi immensi.

Esco, ritorno, imparo le strade intorno all'ospedale e nella gioia di vederla viva ho il rimorso che mi rosicchia il cuore. Avrei dovuto starle più vicino, anche se è grande, se ha due figlie che sono al campeggio; se ha la vita sua.

La lascio, serena; la stanza rosa guarda su grandi alberi; le infermiere graziose le portano vassoi che escono quasi sempre intatti.

Ci vorranno mesi e mesi prima di vederla soltanto un filo meno magra.

Ormai quando Guido viene a Santa Liberata è solo per chiudersi in Comune col ragionier Aldi, o per intrattenersi col segretario comunale o per fare giunte e incontri e consigli comunali. Incomincio a sospettare di avere sbagliato, insistendo tanto perché accettasse. Soffro nel vederlo annoiarsi così clamorosamente mentre finge, educatamente, di essere interessato.

Al partito repubblicano locale, dove le elezioni per abitudine avvengono sempre in maniera bizzarra, sono stati eletti, non si sa bene da quali presenti, il nuovo segretario e vicesegretario nelle persone di Gigetto, che urla per il porto, e di un pallido Rosi, di mentalità e di apparenza più democristiano che repubblicano. Borghini e Casalini, per la prima volta nella vita, sono uniti e concordi nel criticare la giunta della quale nessuno dei due fa parte. I quattro chiedono di essere ricevuti. Vengono a casa, la sera, sul tramonto. Guido ed io sediamo sul sofà; siamo gli accusati; loro, in ordine sparso, davanti a noi. Uno dopo l'altro ci spiegano che questa è la peggiore amministrazione che l'Argentario abbia mai avuto; che la giunta non funziona; che la gente è stufa. Noi rimaniamo in silenzio. Qualche volta dico «Ma, francamente, non mi pare».

Loro si scaldano sempre di più; arrivano a dire che questa giunta fa schifo.

Guido è una persona estremamente paziente; non l'ho quasi mai visto arrabbiato. «Vorrei dire anch'io una parola» interrompe a un certo momento il vortice di parole dei quattro che sembrano esaltarsi uno con l'altro man mano che il tempo passa. Tacciono. «Mi avete rotto i coglioni.»

Qualche istante di sorpresa, poi «Ma come?» «Ma che linguaggio usa?» «Ma, dottor Carli, non siamo abituati ad essere trattati così».

«Voi» aggiunge Guido «voi non siete abituati ad essere trattati così? Ma vi rendete conto che da più di un'ora siete qui a spiegarmi che l'amministrazione di cui siamo Sindaco e Assessore, fa schifo, ed è la peggiore che l'Argentario abbia mai avuto?»

I quattro se ne vanno. Conosco il Consiglio Comunale. È la crisi.

Al Consiglio per le dimissioni del Sindaco e della giunta spiego che è difficile avere a che fare con una opposizione scorretta, difficilissimo avere un delegato del Sindaco che critica il Sindaco, ma impossibile avere il proprio partito che, invece di sostenerti, ti attacca. Prima dell'accettazione delle dimissioni trascorrono ore e ore di sconclusionati insulti e critiche e recriminazioni.

«Ma come può aver voglia di stare con questa gente?» mi chiede Giulia Massari il giorno dopo «come fa a dire che è disperata di lasciare?».

A casa Guido commenta «È la prima volta che mi capita di essere dimesso da qualcun altro. Non mi è stata data nemmeno la parola; è il capogruppo Borghini che ha annunciato le mie dimissioni».

Sì, sono disperata. Tante cose lasciate a metà; tanti

progetti non finiti. Finalmente una giunta in cui si lavorava tra amici e senza litigi.

Vado in Svizzera e scrivo *Ricordati Gualeguaychú*.

In un momento di entusiasmo e follia ho infatti accettato di scrivere per Mondadori un libro per il centenario di Garibaldi, eroe preferito della mia infanzia. Poi una sensazione strana mi spinge a prendere la macchina e a tornare all'Argentario, dove, naturalmente, non c'è amministrazione.

È dal windsurf che Cristiano mi grida «Mamma c'è un incendio. Qui dietro, sembra grosso». Sì, infatti, è partito, appiccato come sempre, dallo stesso posto del '75 a Santa Liberata e si dirige prepotente verso l'alto del monte, lambisce le case del Pianone, poi sale, verso la Punta Telegrafo.

Telefono a tutti; questa volta so che cos'è la "batteria"; chiedo l'aiuto di tutti. Il primo lancio dell'Hercules è completamente sbagliato; ci dicono che tornerà, ma poi lo dirottano altrove. Il fuoco continua; a sera scavalca il monte e scende verso le Cannelle; allertiamo la Capitaneria di Porto e Cala Galera, le barche escono, per fortuna il mare è calmo, e raccolgono le decine di persone che dalla spiaggia si buttano in mare; altri sono fuggiti in macchina lungo la pessima strada che porta al Pellicano; i telefoni sono interrotti, le comunicazioni, anche via radio, difficilissime.

Scomparso per un certo periodo il vigile Gaibisso, scomparso il maresciallo dei Carabinieri, assediata dal fuoco la sede della RAI, scavalcata a tratti la strada che porta alla Punta Telegrafo; il fuoco si avvicina ora minaccioso al convento dei Passionisti. «Faccia venire gli aerei» mi grida la gente terrorizzata. Ma quali aerei? Questa volta i francesi rifiutano (e come hanno ragione!) di fare intervenire i loro Canadair impegnati in Corsica.

Poi a poco a poco arrivano gli elicotteri, quelli piccoli; quelli più grandi, i Chinook e versano i loro secchielli d'acqua sulle fiamme che continuano a devastare il territorio.

Faccio sgombrare l'albergo di Cala Piccola e riceverò poi una denuncia dall'albergatore. La gente fuggita dalle Cannelle è stata tutta sistemata durante la notte in case di volonterosi che hanno offerto di ospitarli; dodici sono a casa mia. Nasce una polemica perché dichiaro, indignata, che non un consigliere democristiano si è presentato in Comune per cercare di dare una mano. «Perché? Dovevamo dirlo a lei quello che facevamo? Non siamo mica in giunta» è la risposta.

Intanto il fuoco ha raggiunto la fattoria dell'Olmo e distrutto l'oliveto, il viale di cipressi, tutto. Un giovanissimo colonnello che comanda i vigili del fuoco mi porta a fare un giro in elicottero; «Dio mio, Dio mio, che disastro!». Due terzi dell'Argentario sono bruciati; salvata, per un improvviso voltare del vento, la zona intorno al convento e al noviziato dei Passionisti e la vegetazione da Punta Ciana a Porto Ercole; nient'altro.

L'odore del fumo, della macchia bruciata, e i topi che sono scesi a frotte dal monte, mi impediscono di dormire anche quando riesco a dimenticare la paura che mi scuote ancora all'idea che qualcuno, cittadini, turisti o soccorritori ci possa lasciare la pelle. Ci siamo dati il cambio, con Giardina, in Comune per ore ed ore notturne con il peso della responsabilità di fare una mossa sbagliata, di non arrivare a portare aiuto là dove ce n'è bisogno. Ne usciamo più amici.

Arriva il segretario provinciale della DC Hubert Corsi; si presenta con la delegazione democristiana dell'Argentario; considerano le mie dichiarazioni offensive. «Ma vere» rispondo «io non ho visto, qui in Comune un vostro consigliere; mentre il consigliere missino Carotti ha tenuto tutta notte i collegamenti con la zona dell'Olmo, facendo la staffetta; e non fa certo parte della giunta.»

D'ora in poi, verranno ad aiutare, in Comune, anche i consiglieri democristiani.

Soltanto dopo una settimana l'emergenza finisce; il fuoco è spento.

Anche se dimissionaria, non essendo stata sostituita, sono ancora Sindaco e convoco un Consiglio straordinario, dove, presenti le autorità della Regione e un rappresentante della Comunità Europea si stanziano tre miliardi (metà la Regione, metà la Comunità) per tagliare gli alberi bruciati, rimboschire, fare lavori di prevenzione per proteggere, in futuro, l'Argentario dal fuoco.

All'Argentario la pioggia è diversa. Sono rovesci che entrano prepotenti anche dalle finestre chiuse e quando si solleva l'ala dell'acqua il mare ha un colore lattiginoso. Poi le onde si tingono di un azzurro aggressivo con la spuma bianca che si contorce in mille danze e quando il vento si placa ritorna blu, soltanto blu.

Il mare è un amico dalle mille facce, mai monotono, mai ripetitivo, mai uguale.

Quando piove altrove non sai se è l'alba o il tramonto, se è pomeriggio o mattina; i colori sono sempre quelli, immobili come un quadro.

Tento in tutti i modi di ricomporre una giunta. I repubblicani, che hanno negli ultimi mesi tenuto contatti segreti con i democristiani, rifiutano una nuova giunta di sinistra. Io, con i democristiani, non ci voglio andare. Borghini e Casalini sono entrambi disponibili a sostituirmi come Sindaco in una giunta PRI-DC. La DC non è d'accordo. Data l'emergenza prodotta dall'incendio, propongo di fare un'amministrazione che coinvolga tutti, una specie di unità comunale; ma nessuno ci sta; nessuno accetta di dare l'appoggio esterno; tutti propongono veti incrociati. Il Comitato di Controllo boccia le delibere firmate da me perché sono dimissionaria e decaduta; si tratta di provvedimenti presi per dare da mangiare e da dormire a tutte le forze armate e i volontari che sono venuti ad aiutare durante l'incendio. Soltanto l'assessore Nedo Malacarne non si è dimesso, e dichiara che non intende dimettersi; può dunque firmare le delibere che vengono riadottate da lui. La situazione è insostenibile.

Finalmente, dopo un susseguirsi interminabile di incontri infruttuosi invito a colazione a casa mia Hubert Corsi, il segretario provinciale della DC, che mi dice chiaramente «D'accordo per una giunta DC-

PRI, ma solo ad una condizione, che il Sindaco lo faccia lei ».

Consulto gli "amici", con i quali i rapporti si sono assai raffreddati; mi sembrano poco convinti di una soluzione che non mi ha eliminata. Ma non c'è altra via di uscita. Anche io pongo una condizione; non voglio più vedere Gigetto, né Rosi; si cambino segretario e vicesegretario del partito.

Ne pongono una anche loro « Deve lasciare il Parlamento europeo e stare di più in Comune ».

Chiedo un appuntamento a Simone Veil e le annuncio le mie dimissioni da eurodeputato. Non nasconde la sua sorpresa ma mi fa gli auguri. Sui giornali esce il comunicato "intendo dedicarmi per intero all'Argentario". Spadolini è furente.

« Ma cosa fa, Susanna? Senza nemmeno consultarmi? E chi è questo Gawronsky che entra al suo posto? »

Vengo rieletta Sindaco coi voti della DC; questa volta in giunta entrano Casalini e Ines; Borghini, troppo indaffarato, sarà il capogruppo; Guido rimane consigliere. Giardina considera, il mio, un tradimento. E, tristemente, ricomincio ad amministrare con il giovane Mauro Schiano come vicesindaco e l'intesa che lui sarà sempre presente in Comune.

Tra me e Guido la tenerezza è finita. Anche se non lo ammetterà mai, non mi perdona di averlo trascinato in questa avventura. Non viene più a trovarmi al fine settimana e a Santa Liberata sono quasi sempre da sola. Angella che da tempo si è stabilito a Livorno dove ha uno studio da avvocato, è diventato grasso; i suoi occhi sempre più vivi e intelligenti, sorridono allegri. Arriva da Livorno il mattino presto, guidando come un pazzo e trascorre, prima una volta alla settimana, poi ogni quindici giorni, una mattinata in Comune a controllare pratiche, a preparare diffide, a dare consigli. Quando con Borghini la situazione è molto tesa e lui minaccia di dimettersi o si è offeso o ce l'ha particolarmente con Casalini, chiedo ad Angella di fare da mediatore e di solito riesce a metter pace «Via, Franco, cerca di capire anche il punto di vista degli altri».

Ma è una delle cose che Borghini è incapace di fare. Mai ho conosciuto una persona così perennemente in contraddizione con se stesso. Vuole comandare in Comune, ma non vuole impegnarsi in giunta. Vuole far carriera nel partito; accetta la carica di vicesegretario regionale, responsabile degli Enti locali della Provincia, a alle riunioni mentre dichiara «Cosa vuole che m'importi del partito; qui decidiamo noi; a noi il partito di Roma non impone un bel niente».

Vuole guadagnare soldi nella sua carriera di costruttore che dichiara incompatibile con l'amministrazione locale ma se potesse il suo sogno sarebbe di fare il Sindaco.

Dichiara che di politica lui non ne vuole più sapere, che lo interessa soltanto il suo lavoro, ma con tutti i consiglieri di tutti i partiti politici discute del possibile assetto futuro del Comune non appena ha un minuto libero. È di una ambizione sfrenata; è intelligente; è un bel ragazzo. Quando si arrabbia perché qualcosa non funziona nel senso che lui ha previsto, il suo colorito diventa giallastro e, agli angoli della bocca, come a un purosangue dopo il galoppo, nasce una schiuma biancastra; allora dice qualsiasi cosa e, generalmente, dopo se ne pente.

Se vuole qualcosa che io non approvo dice « Ma sa, bisogna consultare il partito» e due minuti dopo dichiara ridendo «Allora cosa vado a fargli dire al partito?».

Ma gli altri partiti non sono diversi. In tutti ci sono due o tre correnti, due o tre modi diversi di vedere le cose, due o tre maniere differenti per voler risolvere i problemi e ognuno che parla lo fa solo a titolo personale pronto a smentire e ad essere smentito.

Come potrebbe Borghini non odiare Casalini tanto diverso da lui? Casalini, educato e cortese, che è riuscito, intanto, a diventare ispettore della sua banca? Casalini che in giunta ci viene, e al partito ci va, quando pensa che Borghini stia cercando di tramare qualcosa contro di lui. Casalini, bell'uomo con i capelli brizzolati, che è un "rotariano" e gli intrighi politici non li fa al caffè di Santo Stefano. Soltanto

Fortunato pieno di buon senso, continua a coltivare il suo orto; quando vado a trovarlo tra i suoi pomodori e le sue pesche mi convinco che è l'unico saggio.

Abbandonato il Parlamento europeo, devo, per forza, frequentare di più quello italiano. Passo alla Commissione Esteri, poi Interni. Ricomincio le attese interminabili, le convocazioni sconvocate, il lavoro pasticciato, il fumo intollerabile nelle aule di commissione; i pomeriggi in un'aula desolata.

Stiamo arrivando a Fiumicino.

«Devo dirle una cosa, Signora» Calimero è imbarazzato e so che questo tipo di premessa è solitamente seguito da pessime notizie.

«Che c'è, Cali?»

«Prendo moglie, Signora.»

«Con quale delle tante fidanzate?»

«Con un'altra, del paese mio.»

«Tanti auguri, Calimero; speriamo bene» e me ne vado all'aereo.

Al ritorno Francisca piange: «Porqué no me dijo?» e alla fine ripartirà per l'America.

Sarò già sottosegretario quando Teresa mi annuncerà al telefono della macchina che "a Calimero ci è nato un bel maschio, tre chili e mezzo". Gli metterà nome Cristiano.

Le mie nipotine commentano «Calimero non ride più, come prima; sembra diventato vecchio».

All'Argentario, in Comune, ci sono sempre solo Florio Zolesi e Nedo Malacarne. Florio è stato per anni vicesegretario comunale, conosce tutte le pratiche; continua, da amministratore, il suo lavoro. Urla, come una specie di abbaio di cane, con tutti e a proposito di tutto, ma è una bravissima persona; se dice una cosa la mantiene. Gli sta a cuore solo il Comune, che, per lui, va dalla discesa del Valle, dove ha casa, alla sede comunale dove ha il suo ufficio. Anche Nedo è sempre in ufficio, simpatico e pacioccone come sempre. Il vicesindaco, che avrebbe dovuto essere sempre presente, è interessato solo alla chiesa e alla parrocchia. Va alle processioni, alle manifestazioni, ma non decide mai nulla; è molto più assente di me. Nel suo ufficio di assessore alla cultura i manifesti di Che Guevara e di spettacoli di avanguardia sono stati sostituiti da quelli di Solidarnosc e da frasi del Vangelo. Poco altro è cambiato.

Le giunte con i democristiani sono un incubo. Loro arrivano regolarmente con ore, dico ore, di ritardo. Mi fanno tornare da Roma e aspetto, sola con Florio e Nedo, per mezzo pomeriggio. Con un sorriso demenziale rispondono alle mie proteste « C'era un passaggio a livello chiuso; ma lei ha sempre fretta,

Sindaco? ». No, non ho fretta, non sopporto la perdita di tempo, la villania, il disprezzo per gli altri; a cosa serve ripeterlo?

Quando, dopo, vado a passeggiare sul monte, che là dove si è fatta la "tramarratura" degli arbusti e degli alberi bruciati, sta riprendendo il suo verde; quando guardo, al mattino, i pescatori che si fermano sotto la mia finestra a raccogliere le reti, mi dico che vale la pena.

Si può amare un luogo come si ama un uomo?

Avere la stessa vertigine guardando un sentiero nel bosco, tre cipressi improbabilmente inseriti tra i lecci e le querce, che si aveva, seduti al sole su una roccia nell'udire una voce?

Il desiderio di rimanere, dall'alto, a guardare quel mare frastagliato dagli scogli che abbraccia il Giglio e Giannutri col suo azzurro profondo è quello stesso che ti incantava di fronte al sorriso di due occhi color del croccante?

Ci si può dimenticare nel profumo della ginestra e del pitosforo come nell'odore dei capelli pieni di mare?

Credo di sì.

Sono sempre più sola, le serate le trascorro a letto, guardando la televisione. In Comune si lavora senza alcun entusiasmo, anche se si sono fatte tante cose. La biblioteca di Porto Ercole, in cima alla sede della delegazione è molto graziosa; mancano i libri.

Mondadori mi chiede di fare uno spot pubblicitario invitando la gente a regalare libri, per Natale; accetto, e, in cambio manderà cinquanta milioni in libri alla biblioteca di Porto Ercole che è, così, fornitissima.

Abbiamo espropriato la Villa Varoli, al centro di Santo Stefano, e si lavora per farne un centro sociale diurno per anziani che sarà l'invidia di molti comuni. Ci sarà la lavanderia, il refettorio, le sale di riunione, di gioco e TV per tutti, e poi le camere con una veranda coperta, ognuna col bagno e telefono, immerse in un parco stupendo. Saranno poche ma bellissime; sono destinate prevalentemente ad anziane coppie.

Il finanziamento promesso per finire la scuola dell'Appetito viene sospeso dal momento che la giunta non è più di sinistra, come se i bambini dovessero andare a scuola a seconda del colore politico di chi amministra il Comune.

Il solerte Florio troverà un ente pronto a concederci un ottimo mutuo; anche se l'opposizione non è d'accordo; vuole che si sospendano i lavori per fare una verifica che farebbe triplicare i prezzi. E Borghini giustifica la loro richiesta.

A proposito della scuola i socialisti scrivono frasi insultanti nei confronti dell'amministrazione sui giornali locali.

Chiedo alla magistratura di fare un'inchiesta; se risulterà tutto in ordine, la mia richiesta varrà come querela per diffamazione.

Borghini che ha rifiutato di entrare in giunta, considera, come vuole il costume politico italiano, di potere in qualità di capogruppo, sindacare, criticare, minacciare continuamente le dimissioni se non si fanno le cose come vuole lui. Ogni volta che ci incontriamo non manca di farmi notare che la gente mi è tutta contraria, mentre lui riceve continuamente telefonate ed inviti verbali «Borghini salvaci tu; vai tu a fare il Sindaco».

Le amicizie di paese sono quelle che più influenzano la vita politica. Per ragioni di lavoro Borghini frequenta sempre più spesso il dottor Benito Grassi, segretario del PSI, e d'altra parte è diventato molto amico del professor Frangini, consigliere comunale del PCI.

È comprensibile, dunque, che le sue simpatie vadano, ora, proprio verso quella sinistra che ha fatto di tutto per scalzare dal Comune. In ogni partito, poi, a livello locale, esistono due anime, due tendenze, la destra e la sinistra, i falchi e le colombe (a proposito dei problemi, intendiamoci) e, a ruota libera, ognuna fa e disfa, progetta e distrugge, quello che l'amministrazione dovrebbe realizzare.

È a pranzo che ci si promette l'appoggio del proprio partito in un futuro vicino o lontano; è sul grappino che ci si gioca l'avvenire di un luogo come l'Argentario.

Io sono, ovviamente, fuori di questi giochi.

Combattere l'abuso edilizio è difficilissimo. Prima della Bucalossi, quando l'abuso non era totale, si chiedeva la valutazione dell'UTE e si applicavano multe salatissime per la cubatura priva di licenza, oppure si demoliva con l'autorizzazione della Regione.

Adesso, prima di demolire, in Regione Toscana (con buona pace del signore che scriveva continuamente il contrario su "La Repubblica") bisogna che il Sindaco senta il parere della Regione. Oppure il Consiglio Comunale, ma non il Sindaco, può chiedere il parere della Commissione Beni Ambientali.

Un'altra di quelle invenzioni, questa CBA, come l'intercomunale, le USL eccetera che servono soltanto a far perdere tempo agli amministratori con decisioni politiche che vedono maggioranze diverse da quelle espresse dai Comuni in libere elezioni democratiche.

Il parere della Regione tarda mesi e mesi; se non anni. C'è un solo modo per combattere l'abuso edilizio: intervenire subito. La casa abusiva diffidata, denunciata, sequestrata; se rimane in piedi porta automaticamente alla proliferazione di altre case abusive. È come un virus.

Passeggiando sul pianoro di Partemi, a cavallo tra la laguna di Orbetello e la marina di Cala Galera, scopro, nascosta in una valletta, una casa in costruzione; un'altra sta sorgendo su un poggio più alto. Partono le diffide e la richiesta di demolizione. Ma, durante l'estate, su piccoli appezzamenti di terreno, abusivamente lottizzato, dentro la macchia, sotto gli arbusti, si forma una colonia di campeggiatori abusivi con le loro roulottes, i loro serbatoi d'acqua con allacciamenti abusivi alle condotte comunali, allacciamenti di corrente elettrica e via dicendo. Come talpe, scavano strade abusive tra gli arbusti e, al di fuori di qualsiasi controllo, anche della polizia, si installano, per l'estate; praticamente tutte persone venute da Firenze, da Prato, da Arezzo, da Orbetello, per trascorrere le vacanze estive.

Riusciamo, anche adducendo il reale pericolo in caso di incendio, in un'azione congiunta di forestali, carabinieri, vigili urbani, con ruspe e trattori ad evacuare l'intera zona dalle roulottes, che vengono trasportate a valle.

In autunno i proprietari dei piccoli appezzamenti abusivi vi installano prefabbricati, casette di tufo, capanne in lamiera, che, essendo fisse, non potranno essere trascinate a valle.

Così inizia la battaglia di Partemi.

I due cittadini, unici ad essere residenti a Porto Ercole, che si sono fatti la casa in cemento armato e che hanno, dopo le diffide a demolire, continuato imperterriti ad ingrandire, ad abbellire, a sopraelevare, si vedono confiscare la casa per consegnarla alla Guardia Forestale. Questo provvedimento non necessita di visti regionali purché la casa confiscata venga adibita a pubblica utilità.

Rasentiamo l'assurdo; gli abitanti dell'Argentario hanno perduto la prima casa e coloro che si sono costruiti la seconda casa per le vacanze, se la tengono.

Iniziamo quindi le pratiche, eterne, di richiesta di autorizzazione a demolire, alla Regione. E aspettiamo. Nell'attesa, come funghi, crescono altre casette; ne costruisce una, su terreno del figlio, persino il maresciallo della Forestale andato in pensione; sì proprio quello che fino all'anno scorso controllava quella zona di territorio per combattere gli abusi.

Mando telegrammi e messaggi a tutte le possibili autorità competenti pregandole di intervenire.

Durante la giunta di sinistra (forse per la fortunata circostanza che l'assessore regionale competente è uno sfegatato juventino?) la Regione approva il progetto di fognature, pretrattamento e depuratore di Santo Stefano, finanziandolo con un miliardo e seicento milioni. Si soprassiede per Porto Ercole dove si programma una ubicazione diversa per il depuratore; forse vicino a Cala Galera. Sempre all'unanimità del Consiglio Comunale si votano le delibere necessarie.

Ed ecco, dopo otto anni di delibere, progetti, incarichi sorgere l'opposizione dell'ex consigliere democristiano avvocato Baschieri, che ha una villa nelle vicinanze del progettato impianto.

Nell'aprile del 1982 compirò 60 anni; decido di dare una festa, invitando tutti i discendenti dei nonni Agnelli, ormai circa 150, nella casa di Maria Sole in campagna. Preparo giochi, regali, pranzo e programma nei miei pomeriggi solitari di Santa Liberata, mando per invito una fotografia dei nonni con figli e nipoti; io sono appena nata in braccio al Senatore. "Siamo partiti di qui" scrivo "vediamo a che punto siamo" e progetto di far arrivare tutti, anche quelli che sono lontani. Cristiano ha tre figli, Ilaria e Samaritana due, Delfina uno. Lupo prosegue tenace nella sua disordinata vita di scapolo, dalle molte avventure. Priscilla ha chiesto l'annullamento.

Da Montecitorio vado direttamente all'Argentario; faccio fermare Calimero, prima di arrivare all'Ansedonia; una traversa sulla sinistra che scende tra Capalbio e il Chiarone verso il mare. Attraverso la ferrovia; è campagna vera, con i polli, i campi coltivati; lungo il ciglio i fichi d'India; una polvere bianca e il profumo dell'erba. Cammino e mi dico che, da soli, si sta benissimo; ho una sensazione di grande serenità.

A casa, il telefono è isolato; mi sdraio sul letto e guardo dalla finestra il mare che si scolora con la sera. Calimero batte al vetro «Chiami Torino, l'hanno mandato a dire dai vicini».

Chiamo con la mia linea «Le passo il dottor Gabetti».

«Sì, Gianluigi.»

«L'avvocato, è stato male.»

«Ma cos'ha?»

«Infarto, è alle Molinette.»

«No, oh no; vengo subito.»

Ripartiamo, con Calimero; la macchina è senza benzina; i distributori sono chiusi; le diecimila lire vecchie non fanno scattare gli automatici; dobbiamo riprovare non so quante volte. La polizia ci ferma, non abbiamo rispettato il limite di velocità, abbiamo sorpassato in curva, guidato pericolosamente. « Mio fratello sta male » dico. « Vada, vada, tanti auguri. »

Alle due di notte arriviamo alle Molinette. Mi aspettano al cancello; dalle facce capisco che Gianni è vivo; è vivo; è vivo.

È vivo.

Le telefonate; le diecimila telefonate; l'attesa nella stanza del professor Angelino, bravo, gentile, efficiente, paziente.

Arrivano tutti e Gianni è sempre là, nella sala di rianimazione dove non è permesso visitarlo. Al mattino incontro Margherita, guarda i miei occhi rossi « Andiamo tutti a piangere da soli » commenta, « poi quando siamo insieme fingiamo di essere forti ».

La prima volta che parlo con Gianni mi dice « Mi dispiace per la tua festa! ».

Il giorno del mio compleanno Priscilla mi regala un bellissimo libro di fotografie "Una famiglia". È dedicato "A mia madre, che compie sessant'anni". C'è il copyright e produrrà lotte a coltello con i giornalisti che, riusciti ad averne una copia, vogliono pubblicarlo.

Gianni mi manda un bellissimo quadro; è un'isola, su un lago; in fondo le montagne con un'ombra di neve. È un paesaggio pieno di pace.

Sempre a litigare con quei democristiani. Soltanto con Florio vado d'accordo; grida, è vero, ma a lui interessa il Comune e tutto quello che si può fare di buono per il Comune; sa che io lo posso aiutare e mi dà pratica dopo pratica da sollecitare a Roma. «Non lo capisco mica cosa vogliono» mi confessa «perché devono sempre litigare.» Nemmeno io lo capisco, ma sono sempre le piccole cose insulse: un'assunzione, il permesso a un dipendente, gli orologi per timbrare i cartellini che vengono manomessi. C'è chi amministra pensando a cosa è giusto; e chi pensando ai voti. Il nostro contrasto di fondo è sempre questo.

La variante al Piano Regolatore viene votata con l'astensione dei comunisti, che, essendo passati all'opposizione, rinnegano le cose che hanno fatto quando erano in maggioranza. Giardina dichiara ai giornalisti che la variante è tutta sbagliata. «Ma se l'assessore all'urbanistica era lei, quando l'abbiamo fatta» mi stupisco.

«Sì, ma lei non mi lasciava fare l'assessore, decideva tutto lei.» Taccio. La colpa è nostra; non li abbiamo più voluti e si vendicano.

Copriamo la piscina con una struttura modernissima che d'inverno si chiude e d'estate, su ruote scorrevoli, si apre. Il pallone va al siluripedio ad ospitare il campo di pallacanestro.

La 167 di Santo Stefano viene approvata, dopo tre diverse progettazioni. Quella di Porto Ercole, orrenda, è finita e già si parla di ampliarla; molti hanno venduto la loro casa nel centro dell'abitato ai turisti estivi e si sono trasferiti qui. La mia preoccupazione è che si finisca come a Capalbio o a Orbetello dove i centri storici, bellissimi, antichi, pieni di fascino sono diventati palcoscenici che si riempiono, d'estate, di intellettuali e ricchi pseudointellettuali, mentre d'inverno rimangono vuoti e desolati, con la gente trasferita lontano, nelle mostruose case da periferia di grande città. Ma non sarebbe meglio spendere tutti quei soldi per mettere a posto le vecchie case e darle ai cittadini locali?

Tento un'operazione in questo senso con il vecchio ospizio al centro di Santo Stefano, che oggi ospita la scuola elementare in procinto di trasferirsi nella scuola nuova dell'Appetito. Mi rispondono di no, che ci stenderebbero i panni ad asciugare e sarebbe brutto.

Sulla 167 del Pozzarello si accende una disputa; devono costruire le cooperative o bisogna affidare ad un'unica impresa la realizzazione? Vi lascio immaginare quali interessi si giochino nella costruzione di centinaia di appartamenti a Porto Santo Stefano. Mentre tutti i consiglieri comunali spiegano alla gente che io non voglio la 167 del Pozzarello, io sono forse l'unica ad insistere perché si venga ad un accordo rapidamente. Dovremo ancora lottare contro l'opposizione del sedicente 31mo consigliere, Santini, grande difensore dell'Argentario, proprietario di una parte dei terreni da espropriare.

Sembra che io dimentichi la gente dell'Argentario. La vecchia Teresina che andavo a trovare nell'appartamento in Via Lambardi; moriva di cancro e sorrideva sempre, pensava agli altri «Si faccia tanto coraggio, Signora; qui la gente è fatta così». Leonida, ormai vecchissima, ma, fino a pochi mesi fa, diritta e fiera «Sapesse gli insulti che mi dicono al telefono, Signora, perché sanno che sono dalla parte sua».

I genitori dei ragazzi drogati, le mamme che vogliono il lavoro per i figli o per i fidanzati delle figlie.

«Mio figlio è un po' femmineo» ed infatti è un ricciolone con la salopette turchese e la maglietta rosa.

«Mio figlio che è perfetto, ha detto il dottore, soltanto doveva nascere signore, non c'ha voglia di lavorare.»

«Mio figlio che, mi aiuti lei, Signora, non lo fanno uscire dalla clinica se non paga il trapianto.» E io sconcertata «Ma trapianto di cosa, di rene?».

«No, no, "un mi hapisce", Signora, trapianto di capelli.»

Le centomila raccomandazioni, a tutte le banche d'Italia, a tutti gli uffici della SIP, all'ENEL di tutta Italia, alle Poste.

I trasferimenti, gli avvicinamenti di tutti i ragazzi che sono andati militari; le licenze perché partecipino al palio marinaro o alla partita di pallanuoto.

Le centomila telefonate che ho fatto.

Le montagne di dattiloscritti da inviare a una casa editrice, le richieste di una prefazione, di un'introduzione, di una presentazione.

O più semplicemente un consiglio perché "mio marito mi ha lasciato sulla banchina, è partito in barca con la sua infermiera, da una settimana non ho più notizie" oppure "nostra figlia è scappata di casa, vuole sposarsi, ma temiamo che sia un terrorista".

Vi risparmio le conseguenze della legge 180, sull'ufficio di un Sindaco in un piccolo Comune. Sì, proprio da manicomio.

Una costante della mia vita di Sindaco è stata la lotta sfrenata dei consiglieri comunali nei confronti di un Sindaco che, a tempi alterni, avevano tutti eletto. Sparlare di me è un'abitudine dei consiglieri di maggioranza, dell'opposizione e anche del mio partito, bisogna pur prepararsi la prossima campagna elettorale!

È una costante che dimostra la cecità politica, se si amministra insieme si dovrebbe avere il buon senso di spiegare che le cose son ben fatte. Non "fatte male; ma la colpa è dell'altro". Penso avvenga la stessa cosa anche a livello nazionale.

Cerco di smettere di piangere, ma non ci riesco. Le lacrime mi sgorgano dagli occhi, mi riempiono il viso; ormai ho il fazzoletto fradicio; non riesco a trovarne un altro. Giò è morto d'improvviso, tra le braccia di Jolanda, mentre si accingevano ad andare a spasso, dopo colazione. «È morto Giovanni il Romano» mi ha detto Samaritana e per un momento non capisco di chi stia parlando; sono tanti anni che non lo chiamo più Giovanni Romano, ma Giovanni oppure Giò.

Quarantacinque anni della mia vita. Mi ha insegnato a guidare quando avevo quindici anni; mi ha raggiunto con Jolanda durante la guerra quando guidavo l'ambulanza; è andato a prendere l'ostetrico a Pisa quando Ilaria è nata, in casa, a Forte dei Marmi; mi ha seguito in Argentina; è tornato in Italia e ha continuato a guidare la mia macchina, di giorno, di notte; parlava poco, io raccontavo; lui mi diceva qualche volta, ridendo «Non lo dica a Jola, mi raccomando».

«Non faccia così, Signora», Calimero è sconcertato, «dovrà pur farsene una ragione.»

«Tu non capisci, Cali» singhiozzo «che ho passato più tempo con Giovanni che con chiunque altro, nella mia esistenza.»

Se per caso ci mettiamo d'accordo su qualcosa in giunta, allora sono i "capigruppo", Borghini per noi, Alocci per loro, che intervengono con il loro punto di vista personale, generalmente annunciato come "il partito" a buttare tutto per aria.

Siamo, finalmente, dopo anni di trattative, riusciti ad acquisire il piazzale del Valle, proprio all'entrata di Santo Stefano e ne abbiamo fatto un bellissimo parcheggio con alberi. Vado a parlare alla gente del Valle, che è felice del piazzale, e mi prega « Metteteci il guardiano; lo faccia a pagamento, con il guardiano, mi raccomando, Signora, che non lo sciupino ». La discussione verte su quale percentuale a pagamento, quale gratuita, 50/50, 80/20, 70/30, si può continuare all'infinito. Ma quando torno da Roma mi annunciano che tutto il parcheggio del piazzale sarà gratuito; lo ha deciso Borghini con i "capigruppo"; sono i "partiti" che hanno stabilito così. Domando, allora « A cosa serve una giunta? ». Non sanno rispondere. Lo scopo del piazzale con parcheggio, a disposizione di chi arriva a Santo Stefano, è totalmente vanificato. Alle riunioni del "partito" ora c'è anche lo pseudo-democristiano Rosi che mi insegna come si amministra un Comune. Gli ricordo che ho accettato di tornare a fare il Sindaco a condizione di non vedere più né lui né Gigetto. (Gigetto si è imbarcato e, immagino, griderà "il porto, bisogna fare il porto" in qualche paese lontano).

«Nessuno me lo ha mai detto, altrimenti mi sarei dimesso da vicesegretario.»

«È sempre in tempo.»

E continuo invece a incontrarlo e a ricevere lezioni e critiche ad ogni occasione; finché in una seduta notturna del partito, viene eletto "segretario". Lo prego di non farsi più vedere.

Incomincio ad essere stufa. Soprattutto della ripetitività del tutto. Sia qui, che a Roma. Dell'impossibilità di realizzare qualcosa senza dover sempre cozzare contro la cocciutaggine degli altri. Non si ragiona mai in funzione di quello che si considera giusto; ma per ripicca personale; o pensando di danneggiare chi prenderà la decisione; o per farsi una clientela per le elezioni a venire.

Incontro Andrea Manzella a proposito di un abuso edilizio sull'Argentario. La denuncia è arrivata in Comune da mille persone come per la casa di Luciana Castellina, costruita su progetto di un consigliere comunale comunista. Al momento del primo condono edilizio sono gli unici due, su tutto l'Argentario, ad autodenunciarsi e ad essere poi perseguiti dalla legge.

Esprimo a Manzella, che riferisca a Spadolini, di cui è consigliere, il mio grande sconforto nei confronti della vita politica, sia locale che nazionale.

La reazione è immediata. Spadolini, allora presidente del Consiglio, mi manda in missione ufficiale negli Stati Uniti e in Giappone a studiare la protezione civile e antincendio; prima di partire mi incontro a Palazzo Chigi con Zamberletti; mi fanno gli auguri e parto. Mentre sono a Tokyo, all'ambasciata, giunge notizia che il governo è in difficoltà; rinuncio ad andare a Kyoto e prendo l'aereo per l'Italia portandomi in mano tre piccoli bonsai, che ho imparato a conoscere.

A Fiumicino mi dicono che Spadolini si è dimesso in Parlamento due ore fa; proseguo per l'Argentario.

Se combattere l'abuso edilizio è difficile è però il dovere di un Sindaco; non una scelta. Il Piano Regolatore prevede che in una determinata zona non si può costruire; ebbene non è possibile rilasciare una concessione edilizia; chi lo fa commette un reato. Come è un reato costruire senza concessione è un reato per un Sindaco non intervenire.

Sono sicura che i cittadini dell'Argentario si rendono conto di quello che i consiglieri comunali sembrano non voler capire. Se viene un'impresa da fuori e costruisce abusivamente una casa che viene poi venduta a un forestiero, cioè a un non residente, ci guadagnano soltanto l'impresa e il forestiero, ma l'Argentario perde un pezzo della sua bellezza che è, come sapete, la sua ricchezza maggiore.

Ora, stranamente, io ho sentito discutere per ore ed ore, scaldandosi ed arrabbiandosi, i consiglieri comunali, a proposito di edificabilità e lottizzazioni. Si costruivano poi appartamenti che mai erano destinati ai cittadini di Porto Ercole o di Porto Santo Stefano, ma sempre e solamente a nuovi turisti che si compravano la seconda casa.

Che cosa ne veniva in tasca alla gente dell'Argentario? Guarda caso, chi si scaldava di più erano sempre quei consiglieri che avrebbero tratto un vantaggio o avevano amici che avrebbero tratto vantaggio dal sorgere di nuove costruzioni.

Non mi sembra che nelle lottizzazioni del marchese Corsini abitino tanti cittadini di Porto Ercole; né in quelle case nuove al Valle, dove si vendono appartamenti a due o tre milioni al metro quadro, mi sembra ci siano molti santostefanesi. Invece per questi appartamenti destinati ai turisti si trova sempre il modo di dare l'autorizzazione a costruire. Ai locali no. Sapete perché? Perché qualcuno ci guadagna molti soldi.

E quando una signora si faceva la casetta abusiva a Partemi per venderla e guadagnare 80 milioni per pagare i debiti, gli 80 milioni li sottraeva a chi perdeva un pezzo del proprio territorio.

E se era giusto che quella signora potesse guadagnare 80 milioni facendosi una casa abusiva per venderla, perché, in nome di Dio, perché allora non dovevano farsela tutti i 14 mila e trecento cittadini dell'Argentario?

Perché non avremmo permesso ai cittadini dell'Argentario di costruirsi una casa, violando la legge, per permetterlo invece a quelli di Firenze, Arezzo, Atene, Orbetello?

Questo cercavo di spiegare ai consiglieri comunali; che non capivano perché non volevano capire. E raccontavano invece che io non volevo che si costruisse niente, nemmeno la 167.

Perché la casa abusiva dovevano farsela i dipendenti comunali che non ne avevano bisogno e non chi della casa aveva necessità?

Forse un giorno all'Argentario si accorgeranno di che cosa facevano.

Io sono convinta che quando il Monte, la macchia, le coste fossero irrimediabilmente compromesse la grande attrazione che l'Argentario oggi esercita sui turisti di tutto il mondo non esisterebbe più e che per avere guadagnato qualche decina di milioni oggi (finiti tutti in tasca ai lottizzatori anche abusivi) tra qualche anno si andrebbe incontro al degrado totale e al mancato guadagno per tutte le generazioni future. Per questo è giusto difendere un territorio che è una ricchezza.

Si arriva alla crisi del governo Fanfani e alle elezioni anticipate dell'83. Ricomincia il gioco delle liste.

Guido viene a trovarmi a Roma.

«De Mita mi ha proposto di andare in lista con la DC.»

«Non cambierai mica partito?»

«Quale partito?» si mette a ridere «quello di Borghini e di Gigetto? Per fortuna sono sempre stato indipendente.»

«Sì, ma con i repubblicani.»

«Guarda, non so se mi ripresenterò, ma una cosa è categoricamente certa, se mi presento sarà con la Democrazia Cristiana.»

Spadolini ci rimane male: «Ma come?». Soltanto io conosco il retroscena.

Borghini mi chiede, preoccupato «Si dimetterà, vero, il dottor Carli da consigliere comunale? Non passerà anche qui con i democristiani?».

«Misurate sempre gli altri con il vostro metro! Non si preoccupi, si dimetterà.»

Quando Guido decide, definitivamente, di accettare, anche se continuo a insistere perché non lo faccia, gli assegnano un collegio senatoriale di Milano.

Vado da Spadolini. Non intendo presentarmi alle elezioni; la vita politica non è fatta per me. «Non me lo faccia, Susanna» ripete Spadolini «già questa cosa di Guido! Se adesso non si ripresenta lei!» Dopo lunghe discussioni mi arrendo.

«Ma a Montecitorio, no; semmai accetto solo un collegio senatoriale.» Iniziano trattative frenetiche, sono pochissimi i collegi senatoriali sicuri e quelli nessuno è disposto a lasciarli. Parliamo del Piemonte, ma Visentini non intende cedere nemmeno uno dei tre collegi che hanno una probabilità di successo.

«Va bene, Giovanni» dico alla fine «andrò in Piemonte in un collegio sicuramente perdente. Si rischia di non farne nemmeno uno di senatore! figuriamoci due. E arrivati a questo punto vado dove vuole lei, anche dove non ci sono possibilità di riuscire, soltanto per il partito.»

Sarà Torino e qui va bene; Lecce-Taranto-Brindisi, che non ha mai espresso un deputato repubblicano e, su specifica richiesta di Spadolini, anche Firenze dove lui si è candidato più volte senza essere eletto. «La mia Firenze, Susanna!»; eccettuata la Camera a Torino è tutto perdente. Fare una campagna elettorale senza l'angoscia del dover riuscire è assai più divertente e facile.

Ho rifiutato recisamente, malgrado le insistenze ripetute, il Collegio di Grosseto.

Chiedo a Forattini di farmi i manifesti elettorali. I repubblicani di tutta Italia sono, sulla scia della presidenza Spadolini, agguerritissimi; corro dalle Puglie al pinerolese, da Torino alla Toscana. Riesco perfino a fare un comizio a Grosseto per l'amico Giunta, segretario provinciale che si presenta candidato.

Ho imparato a parlare in pubblico; ho capito che la gente si annoia mortalmente ai comizi politici e parlo di tutt'altro cercando di far ridere i presenti. Da Ugo La Malfa so che è più importante andare al caffè e passeggiare per le strade salutando le persone, che non tutte le parole che si dicono. Certo, la gente deve sapere chi sei e in questo senso la televisione fa miracoli.

L'effetto Spadolini è portentoso. Non riesco a seguire i risultati alla televisione sia perché il televisore è rotto, sia perché mi innervosisco. Al telefono mi dicono prima che sono eletta, in testa, alla Camera a Torino; poi ricevo le congratulazioni per l'elezione nel Collegio di Lecce; poi in quello di Firenze e, la mattina dopo, mi comunicano che ho conquistato anche il seggio senatoriale.

«Ma siete proprio sicuri? È impossibile.»

Borghini mi manda, col mazzo di fiori, un biglietto "Volevo mandarle un fiore per ogni voto che ha preso, ma ho capito che mi sarei sbancato; congratulazioni".

Spadolini mi propone il sottosegretariato agli Esteri.

«Chi sarà il ministro?» mi informo.

« Andreotti. »

« Allora, se lui è d'accordo, sì; ma vorrei il suo gradimento. »

Andreotti, cortese come sempre, mi telefona. Giuro nelle mani di Craxi. Anche se Ludina Bàrzini mi ripete che un sottosegretario agli Esteri non ha niente da fare e che il mio predecessore si lamentava incessantemente dell'inutilità del suo incarico; sospetto invece che richiederà un impegno sostanziale.

Mi incontro con Borghini « Se io rinuncio a fare il Sindaco mi viene a sostituire? ». La risposta affermativa è immediata, Borghini arriva a modificare i suoi progetti per l'estate. Ma abbiamo fatto i conti senza Casalini e quell'ala del partito che lo appoggia; si apre un dibattito feroce. Arriva subito Spadolini e pone fine alla discussione « Sindaco, deve rimanere Susanna; è per noi una bandiera ».

Ormai nel partito dell'Argentario si è scatenata una lotta furibonda. « Due galli in uno stesso pollaio » ripete Fortunato « fanno danno. »

Altro che danno; qui è una lotta all'ultimo sangue. Qualsiasi cosa Casalini decida come assessore, viene contraddetta da Borghini capogruppo; qualsiasi cosa venga proposta da Borghini viene fatta naufragare da Casalini. Entrambi sono, naturalmente, convinti che tutta la colpa sia mia.

Fortunato insiste con me « Non la trova la maniera di farlo andare a Roma? Se Casalini andasse a Roma, Borghini potrebbe fare l'assessore e si rimetterebbe pace ». Ma, alla sola idea, Borghini si ribella « Io l'assessore, mai. Ho altro da fare io! Io non ho bisogno di venire in Comune; io mi guadagno la vita per conto mio, io non ho bisogno di incarichi ».

Qualche volta lo interrompo « Nemmeno io, Borghini ».

Gli accenno a quella che, ancora oggi, considero la proposta più sensata «Venga in Comune con me, di fatto può essere il vicesindaco; Mauro è totalmente assente sia fisicamente che idealmente; io le lascerò tutto lo spazio possibile, aiutandola a livello romano. Lei si crea una piattaforma elettorale e si presenta capolista alle prossime elezioni».

«Figuriamoci» si arrabbia Borghini «io non faccio più il vice a nessuno. E poi, alle prossime elezioni, si presenterà lei; dovrà pur "raccogliere i cocci" per dieci anni della sua amministrazione.»

"Raccogliere i cocci?" e vedo all'orizzonte prepararsi la tempesta.

Quando la vita si complica in maniera particolare e non vedo via di uscita dai problemi vado da Floriana.

Il suo studiolo è buio e umido in un cortile della vecchia Roma; vicino a dove era l'ufficio della Vallecchi; ha una grande quantità di mazzi di carte, di foggia diversa, misure diverse, colori diversi, figure diverse. Le mischia «Tagli con la mano sinistra». Le distende «Ne scelga sette» poi si mette a parlare.

«Dio mio, Signora, che vita le fanno fare in quel Comune. Ma perché ce l'hanno tutti tanto con lei? Mi dica, chi è questo giovane che sta perdendo i capelli?»

Di ritorno all'Argentario, durante una discussione, Borghini gira la testa e vedo, nei suoi capelli, una macchia chiara dove si stanno sfoltendo, quasi una chierica da frate.

«Che solitudine» aggiunge Floriana «che solitudine intorno a lei.»

Ormai l'odio tra Borghini e Casalini ha un che di patologico; «Dovevo andare in montagna e ho cancellato le prenotazioni! Avevo già avvisato i colleghi di lavoro che lasciavo! Era una cosa fatta; se non fosse per lui sarei già Sindaco!» e vedo l'inizio di quella schiuma bianca agli angoli della bocca.

«Come sei noiosa» mi dice mio fratello Umberto «non parlarmi di raccomandazioni» ma insisto come un trapano. Finalmente un giorno mi telefona «Va bene, ma non chiedermi più niente, lo sai quanto detesto domandare un favore».

«Hai ragione, lo so, ma era una cosa un po' speciale, scusami.»

Io penso, ingenua, che all'Argentario la situazione migliori con Casalini trasferito a Roma.

Per carità!

Borghini è fuori di sé «Casalini ha avuto una promozione; questo è il colmo».

«Ma non era quello che volevi tu, che si allontanasse?» domanda Fortunato; chiede Angella; si interrogano tutti.

«No, no, no; non una promozione, non un premio; così gli è stato fatto un regalo!»

«Via, Franco» cerca di calmarlo Angella «non

152

avresti mica preteso che lo mandassero in Calabria o che gli riducessero lo stipendio. Tra l'altro, in Italia, lo sai, è proibito per legge!»

«Mi dimetto dal partito! Mi dimetto da consigliere! Mi dimetto da capogruppo!»

«Senta Borghini, venga invece a fare l'assessore al posto di Casalini» insisto io, visto che sarebbe una cosa intelligente.

«Ma se lo tolga dalla testa.» Nemmeno Angella riesce a calmarlo. Ed ecco che Casalini, trasferito a Roma, continua a fare l'assessore ai lavori pubblici all'Argentario. Ines è talmente scocciata dei litigi, che cerca di venirci il meno possibile; il vicesindaco, si sa, non c'è mai; l'assessore all'urbanistica, Corsi, arriva all'una e mezzo. Io ho i miei impegni. Presidiano il Comune Florio e Nedo.

«Lo sa come la chiamano questa giunta, in paese?» mi aggredisce Borghini la settimana seguente «La chiamano Otto Settembre; lo sa perché? Perché "tutti a casa". È una vergogna!».

«Infatti» rispondo «perché non ci viene lei a lavorare?»

«Perché io ho da fare, grazie a Dio, non ho bisogno di venire in Comune.»

«Io, nemmeno» rispondo stancamente.

Alla direzione del partito, nell'attesa che si incominci; tutti sono ancora nel corridoio; la porta del segretario del partito si apre per far passare un deputato indaffarato; i cameramen della televisione sono seduti pazientemente all'ingresso; improvvisamente il mio cuore si mette a galoppare, mi scoppiano le tempie.

«So che abbiamo tanti medici in Parlamento. Uno di voi può assistermi?»

Ci apparti amo, il collega mi prende il polso; chiama un medico del Senato, mi portano all'infermeria.

«Un defibrillatore lo avete?» chiede preoccupato il mio collega.

«No» risponde il medico del Senato «costa troppo caro.»

Elettrocardiogramma, controllo veloce; stress, come per tutti, stress. «Si riposi» dice il medico «si faccia controllare.»

Lupo viene a prendermi e, a casa, il professor Spallone mi ripeterà non so quante volte l'elettrocardiogramma.

«Stress» ripete «si stanca troppo; deve riposare. Ma lo so che per un politico è quasi impossibile.»

Jolanda viene a trovarmi; seduta vicino al letto mi supplica «Stia attenta, al mondo adesso mi è rimasta soltanto lei. Si riposi».

È ottobre quando come una mazzata arriva la notizia che alla Camera si è bocciato il decreto Nicolazzi sul condono edilizio. L'Italia impazzita è convinta che la data del 1° Ottobre, per sanare gli abusi, non verrà più rispettata. Si dà l'assalto ai posti più belli d'Italia.

Bisognerebbe che qualcuno spiegasse al ministro Nicolazzi che mentre non credo vi fossero file di camion carichi di blocchi di tufo, di mattonelle, di tegole, di cemento e via discorrendo, in processione verso Gattico, Comune di cui egli è Sindaco, ciò avveniva, invece, sulle strade che portano all'Argentario. Immagino che se, a Gattico, costruire una casetta costa trenta milioni la si venderà per 35 o 40 milioni. All'Argentario costruire con trenta milioni una casetta, vuol dire venderla per ottanta, per cento; anche per centotrenta se la costruisci con vista sul mare in una zona di rispetto assoluto di piano paesistico. È proprio il territorio di Monte Argentario che valorizza la casetta. Perché è un territorio più prezioso.

Quando dunque, il ministro Nicolazzi mi manda a dire, attraverso i giornali, che io non dovrei fare tante storie e che per combattere l'abusivismo bastano due vigili in bicicletta, come a Gattico, debbo dedurre che, anche se i suoi vigili sono olimpionici di ciclismo, egli non conosca bene l'Argentario. Né lo osservi quando lo sorvola ogni volta che arriva o riparte per il nord.

Risulta, ahimè, che in questo dannato periodo, sono state irrimediabilmente rovinate Capri, Ischia e le più belle coste dell'Italia del sud. Richiamare i prefetti perché vigilino sembra una presa in giro. Ma con quali strumenti, Signor Ministro?

Chiedo ai carabinieri di intervenire; fermano i camion sulle entrate di Giannella e della diga di Orbetello; controllano per sapere se si dirigono verso costruzioni con regolare concessione edilizia. Ma questo dura pochi giorni; non c'è una legge che impedisca la libera circolazione di materiali sulle strade italiane. Finalmente il pretore interviene e convalida i sequestri delle case in costruzione dove i vigili mettono i sigilli. Un geometra dell'ufficio tecnico entra dal mio segretario e, facendo quel gesto tanto caro agli italiani che utilizza il gomito destro e la mano sinistra, esclama «Toh, questa volta me la sono fatta anch'io la casa abusiva» mentre un altro dipendente comunale arringa i colleghi sulle scale del municipio dichiarando «Non c'è una legge che dice che noi dobbiamo rimanere poveri; viva l'abuso edilizio!».

In questo caos, invito i ministri dell'Agricoltura, dei Beni Culturali, dell'Ecologia a partecipare a un Consiglio Comunale straordinario per metterli al corrente di quello che sta avvenendo e chiedere il loro intervento. Invitiamo anche le autorità regionali, che inspiegabilmente non interverranno, il prefetto, Giorgio Bassani e Arturo Osio in rappresentanza di Italia Nostra e del WWF.

Il ministro Biondi arriva a casa mia la sera prima del Consiglio; c'è un black-out dell'energia elettrica; il soufflé è nel forno; il pranzo è pessimo.

Al mattino arrivano Galasso, sottosegretario ai Beni Culturali e il dottor Alessandrini, direttore generale dell'Agricoltura; i carabinieri avvertono il prefetto che tutta Santo Stefano è coperta di scritte insultanti nei miei riguardi. Infatti, in spray rosso, sui muri è scritto "Agnelli, vattene; la vera abusiva sei te", "Non ci rappresenti, Agnelli" e così via. Durante il Consiglio mostriamo diapositive degli ultimi abusi commessi; sono decine e decine; documentati. Il ministro Biondi e gli altri esprimono il loro parere sulla difesa del territorio, sul rispetto della legge, sulla lotta all'abusivismo. Poi i rappresentanti dei partiti si scagliano contro la legge, contro i vincoli, contro la limitazione dell'autonomia comunale, contro i piani regolatori. Parlano di necessità; di distinguo; di indipendenza; di frustrazione.

«Sono tutti contro di lei» mi dice il prefetto, mentre rientriamo a casa «e, se lei mi consente, anche il capogruppo del suo partito non mi è parso del tutto convinto della sua strategia.»

Continuo, testardamente, a tentare di applicare la legge, a chiedere l'autorizzazione a demolire sia alla Regione che alla Commissione Beni Ambientali, attraverso delibere della giunta.

Arrivano i primi pareri favorevoli alle demolizioni; indiciamo la gara d'appalto per l'impresa che dovrà intervenire con la ruspa. In giunta, i democristiani, rifiutano a busta già aperta di prendere in considerazione i risultati della gara. Si rimanda.

In Consiglio Comunale ogni volta che si giunge alla ratifica delle delibere che si riferiscono ad abusi edilizi, in un modo o in un altro, si riesce a rinviare la ratifica. O facendo mancare il numero legale; o adducendo l'ora tarda; o chiedendo rettifiche di questo o di quello. Si propone che la commissione urbanistica, più rappresentativa del Consiglio Comunale (ma come più rappresentativa, se è composta di consiglieri comunali?) si riunisca per stabilire i criteri da seguire per combattere l'abusivismo. Uno propone di cominciare da lontano; io insisto perché si cominci col demolire tutto ciò che è stato costruito dopo il 1° Ottobre visto che nei confronti di questi non è contemplata *alcuna* sanatoria.

Mentre è la proposta che i comunisti faranno a livello nazionale, prevedendo addirittura uno stralcio del disegno di legge in questo senso; a livello locale i comunisti sono del tutto contrari, sia i consiglieri che i membri della Commissione Beni Ambientali.

E si continua a discutere sul metodo. A spicchi di territorio; considerando la data dell'abuso; prendendo come metro le zone di Piano Regolatore; partendo dalle zone di rispetto assoluto. No, partendo dalle vicinanze del centro abitato; dal Piano Regolatore esistente; dalle previsioni della variante. Si può discutere per mesi, per anni e non fare nulla; la verità è che tutti vogliono aspettare che la legge sia votata in Parlamento nella speranza che venga sanato tutto anche quello che è stato costruito dopo il 1° Ottobre '83. Dando così l'ultimo calcio sui denti ai cittadini che si sono comportati correttamente! Non c'è dubbio che la situazione è resa più complicata dalle mie assenze. Se i democristiani sanno che ho un impegno importante a Roma alle cinque del pomeriggio, si presentano in giunta alle due meno un quarto; rendendola impossibile; per colpa mia; naturalmente.

Se devo partire per l'America, o l'Argentina, o la Colombia per il mio incarico di sottosegretario, aspettano che io sia all'aeroporto e poi revocano le delibere; intervengono sul Comitato di Controllo per fermarle; si accordano con la Commissione Beni Ambientali per vanificare tutto. L'assessore all'urbanistica fa impazzire il povero geometra, al quale, ogni settimana, dà disposizioni diverse.

« Iniziamo dagli abusi dal '76 in poi. » « Iniziamo da quelli commessi dopo il 1° Ottobre. » « Iniziamo da Porto Ercole. » « Iniziamo da Santo Stefano. »

Sia chiaro che le pratiche per giungere alla demolizione sono lunghissime; diffide, ordini, richieste di autorizzazione, nuove diffide, il tutto concluso da sopraluoghi, rilievi, fotografie, eccetera.

Un giorno arrivo in Comune e mi informano che il geometra addetto all'ufficio Abusi edilizi è stato trasferito alla Nettezza urbana.

« E al suo posto? » chiedo.

« Nessuno. » Poi si apre una discussione sull'opportunità o meno di incaricare ad occuparsi degli abusi il geometra abusivista. Si dibatte il pro e il contro; si finisce in grandi risate.

Il procuratore della Repubblica di Livorno fissa il processo penale contro il dottor Benito Grassi, segretario del PSI locale, e il giovane giornalista Baldasserini per diffamazione a mezzo stampa, riferita al famoso articolo in cui, a proposito della scuola dell'Appetito, si accusava l'amministrazione di avere fatto cose scorrette; e convoca anche me come parte lesa.

Comprensibile nervosismo in casa socialista; rischiano una grossa sputtanata. Consulto l'avvocato Gatti, che tratta con i loro legali. Spiegheranno pubblicamente il loro punto di vista da cui risulterà che nulla di scorretto fu fatto dall'amministrazione e io farò la remissione di querela. Andiamo dal pretore di Orbetello noi tre, il dottor Grassi, il Baldasserini ed io. Scodinzolano; il loro era un attacco politico; mai si sarebbero sognati di avere dubbi ecc. ecc.

Il pretore accetta la remissione di querela: loro si impegnano a pubblicare l'articolo concordato tra i legali. Ci salutiamo con sorrisi e grandi strette di mano.

« Chi ha mandato questi fiori così belli? » domando rientrando a casa.

"Con rinnovata stima" è scritto. Firmato Benito Grassi e A. Baldasserini.

Priscilla ha ottenuto l'annullamento dalla Sacra Rota. Si sposerà a luglio con un biondo banchiere tedesco in casa di Clara, vicino a Venezia.

Non è possibile immaginare che cosa comporti, in fatto di carte, traduzioni, autorizzazioni, vidimazioni, il matrimonio di una cittadina italiana, annullata da un cittadino francese, residente negli Stati Uniti, con un cittadino tedesco anch'egli residente in America. Dieci consolati, traduzioni in tutte le lingue, dichiarazioni di vescovi, dispense. Penso che soltanto il fatto di avere la mamma sottosegretario agli Esteri, con i miei simpatici e disponibili consiglieri e segretari, abbia permesso a Priscilla di sposarsi con Claus in tempi relativamente brevi. Altrimenti, chiunque, sarebbe stato indotto a rinunciare.

Sul depuratore incombono nuove difficoltà. L'avvocato Baschieri invia i suoi motivati ricorsi a ogni ente, interessato o no, al depuratore. Fa pressioni sui consiglieri della USL perché non diano il nulla osta; pena la denuncia. Abbiamo una penosa riunione al ministero della Sanità dove il vicepresidente della USL dichiara di non sapere nulla sui depuratori, ma chiede che il ministero avalli il progetto. Non dipende dal ministero, spiegano pazientemente i funzionari, è competenza della Regione. La Regione ha già non soltanto approvato, ma finanziato il progetto, dunque perché si preoccupano alla USL?

«Sa, per via di tutte quelle denunce, non vorremmo avere guai.»

Il vicepresidente si convince e la USL darà il nulla osta che, tra l'altro, non sembra necessario.

Ma adesso è la volta del Consiglio Superiore dei Lavori Pubblici. Ai Lavori Pubblici il sottosegretario repubblicano è l'onorevole Gorgoni che è entrato in Parlamento nel Collegio di Lecce-Taranto-Brindisi in seguito alla mia rinuncia. Mi è dunque particolarmente devoto.

Abbiamo continui scambi telefonici a proposito del depuratore. Ma, incredibilmente, il Consiglio Superiore si riunisce una, due, tre volte e o manca il numero legale o il depuratore non è all'ordine del giorno, sta di fatto che questa decisione non viene mai presa. Alla fine intervengo personalmente e, dopo molto titubare, mi confessano che c'è un esposto di Italia Nostra che ferma la pratica.

Mi indigno; scrivo una lettera al ministro Nicolazzi e una al sottosegretario Gorgoni esprimendo il mio disappunto per una mancata decisione, che, tra l'altro, mi impedisce di fare il mio dovere di Sindaco, applicando la legge Merli.

Il Consiglio Superiore si riunisce ancora e comunica il parere favorevole alla Capitaneria di Porto di Livorno.

Giorgio Bassani è mio grande amico; lo chiamo al telefono e gli racconto la cosa. Organizza un incontro a tre; il presidente di Italia Nostra, lui ed io per chiarire l'episodio.

Mi presento nella elegantissima villa, lasciata in eredità a Italia Nostra da un devoto seguace, nella zona adiacente Villa Borghese dalle parti del giardino zoologico.

Invece di un incontro a tre è un incontro a cinque; c'è anche il vicepresidente di Italia Nostra e la segretaria generale, dal nome che il destino non poteva infliggere più malignamente, Serena Madonna.

Domando, confesso con una certa animosità, perché ce l'hanno tutti con un depuratore che deve servire a disinquinare il mare dell'Argentario dove ormai la balneazione è diventata precaria. Emerge che non hanno mai fatto un sopraluogo, che non hanno idea di che cosa si tratti, se non che i loro rappresentanti locali si oppongono drasticamente. Anche Bassani rimane un po' stupito.

«Ma sono dieci anni» ripeto «che diamo incarichi, che progettiamo, che chiediamo finanziamenti per quel depuratore. Ma se abbiamo un miliardo e seicento milioni in cassa, il lavoro appaltato...»

«A noi non importa» rispondono.

«Ma i soldi sono del contribuente italiano...»

«Sono affari suoi; noi ci opponiamo e basta.»

«Ma avete una proposta alternativa? Non c'è un altro posto per mettere un depuratore!»

«Sono cose che non ci riguardano. A noi dicono che si potrebbe fare alle Piane.»

«Alle Piane? Ma sono dodici chilometri di distanza e davanti c'è la laguna di Orbetello dove fanno la piscicoltura. Costerebbe oltretutto, trenta miliardi!»

«I problemi sono suoi; a noi non interessano i costi, non interessa nulla se non esprimere il punto di vista di Italia Nostra.»

«Come di Italia Nostra? Se non sapete nemmeno dov'è il siluripedio di Santo Stefano. Dite: il punto di vista di vostri rappresentanti locali. E per questo dieci anni di lavoro di un Consiglio Comunale democraticamente eletto dai cittadini, che ha sempre deliberato all'unanimità sul progetto del depuratore, vengono mandati in fumo da chi ha la ventura di far parte dell'associazione Italia Nostra.»

Me ne vado con Bassani. «Questa è l'Italia, Giorgio» commento «uno viene eletto, si dà da fare, lavora, cerca di risolvere i problemi, studia le soluzioni possibili, sceglie la migliore, impazzisce per trovare il finanziamento, appalta i lavori; e in quel momento interviene una associazione, alla quale nessuno ha chiesto il parere, che, tra l'altro, chiede di essere finanziata dallo Stato e, in nome di chissà che cosa, blocca tutto. Un gruppo di persone che si sono elette tra di loro, che non hanno problemi di quattrini, che non devono lottare contro la burocrazia quotidiana di un'amministrazione, e che si permettono di sindacare l'operato altrui senza doverne comunque pagare le conseguenze. Mentre sul problema degli abusi edilizi all'Argentario non si dice una parola! Non ti pare eccessivo?» e ci salutiamo.

L'Argentario non è mai stato così bello. Le piogge interminabili della primavera hanno portato un verde lucido e gonfio, le ginestre sembrano risorte dopo la malattia che le ha colpite alcuni anni fa e spandono la loro dolcezza nell'aria; la macchia ha dimenticato l'umiliazione dell'incendio.

Dietro la mia casa ho una collezione di bonsai che, seguendo i primi tre, portati dal Giappone, continuo ad ingrandire con i piccoli alberi che compero a Firenze, quando vado in Regione, a Torino quando visito il Collegio elettorale, a Roma quando ho tempo di andarli a cercare.

Un bonsai è come sognare.

Le foglie che cadono, i rami spogli; poi impercettibilmente la nascita delle gemme minute, il fiorire quasi improvviso. Ogni mattina aprire la finestra è quasi una sorpresa.

Ho piantato anche tre file di rose; quando arrivo a Santa Liberata taglio i boccioli di colore diverso, li metto in una ciotola, fino alla mia partenza, osservo il loro aprirsi, maturare, sfaldarsi come un velluto profumato.

Borghini desidera essere ricevuto insieme ad uno degli imprenditori che ha vinto la gara per il porto turistico di Punta Nera. Ci vediamo, a casa, una domenica mattina; l'imprenditore si presenta con un nuovo progetto di porto turistico inserito nel vecchio porto di Santo Stefano.

«Capisce, Sindaco» mi ripete Borghini «con quel fondale, fare un porto a Punta Nera, avrebbe costi astronomici.»

«Ma davvero?» lo ascolto con attenzione; soltanto pochi mesi fa una mia dichiarazione in questo senso, portava quasi al voto di sfiducia al Sindaco.

«Sì; poi la Regione Toscana ha già bocciato il progetto di Punta Nera; sono stato io a Firenze, con Nedo e lo hanno stralciato.»

Con lo stesso entusiasmo, sicurezza, convinzione con cui mi dichiarava che l'unica soluzione per il futuro di Santo Stefano era il porto turistico a Punta Nera, oggi mi illustra tutti i punti negativi di quel posto e la soluzione nuova come l'unica realizzabile.

1984. Ci sono le elezioni europee; logicamente il partito mi chiede di fare la campagna elettorale anche se è stato deciso che chi è al governo non si presenterà in lista.

Devo partire il pomeriggio alle sei. Abbiamo convocato un ennesimo Consiglio Comunale soltanto per ratificare le famose delibere di affidamento per le demolizioni. Sono state approvate in giunta dopo la solita battaglia.

Borghini viene a casa mia «Però, Sindaco, se oggi la DC non approva tutte le delibere, rompiamo. Così non si può più andare avanti». Andiamo in Comune e si accende una disputa con i consiglieri democristiani. Vogliono approvare solo le demolizioni già appaltate e rivedere le altre pratiche. Ci lasciamo in una ambigua indecisione sul che cosa avverrà.

In innumerevoli verifiche, all'Argentario, a Grosseto, a livello provinciale, loro hanno sempre dichiarato che sono disponibili a ratificare in Consiglio quello che hanno approvato in giunta.

Inizia il Consiglio; si capisce subito che c'è stato un ripensamento. Alocci inizia uno dei suoi confusi "interventi" costellati da "ecco" dal quale non emerge con chiarezza che cosa sono disposti a ratificare e che cosa no. Tento di chiarire. Interviene Terramoccia, confondendo le acque. Metto in votazione. «No» gridano «no, eventualmente, poi.»

Chiedo un'interruzione di pochi secondi e insieme agli assessori repubblicani mi dimetto. Non si può amministrare un Comune con chi non mantiene la parola.

«Venga a fare il Sindaco da noi» mi dicono il giorno dopo al comizio di Olbia.

Già non è proprio la stessa cosa.

Le costruzioni abusive continuano, proprio a Partemi dove dovremmo demolire, ne sorgono di nuove. Le guardie forestali sfiduciate mi fanno rapporti. I vigili scoprono uno dei cantieri sotto sequestro che cresce di notte sotto le tavole con i sigilli. Ci segnalano ampliamenti all'interno di altre siepi di recinzione dove per entrare e controllare ci vogliono i carabinieri e l'autorizzazione del pretore.

Il disegno di legge Nicolazzi langue in Parlamento e si capisce che non verrà approvato prima delle vacanze estive.

Il risultato delle elezioni europee è, per il partito repubblicano abbinato al liberale, pessimo. All'Argentario, con la popolarità dei liberali, peggio. Si attribuisce la sconfitta elettorale alla mia politica contro l'abusivismo. Si dimentica che i democristiani presentano in lista un candidato locale che riscuote grande successo e verrà eletto. Si vorrebbero automaticamente cambiare le situazioni di forza all'interno dell'amministrazione comunale.

«Ma se ragionassero tutti come voi» dico «ci sarebbe già Natta seduto a Palazzo Chigi! Non si votava per l'Europa?»

Jas Gawronsky viene eletto con un grande numero di preferenze nel Collegio Nord-Est scavalcando il capolista di area indicato dal partito repubblicano e da quello liberale insieme.

La sua pressione sui miei figli perché io gli lasciassi il posto durante la precedente legislatura si basava sul fatto che era corrispondente per la RAI a Mosca e non ne poteva più. Anche se la vera ragione del mio abbandono del seggio europeo era stata l'imposizione degli "amici" dell'Argentario, non poco aveva influito il pensiero di fare un favore ad un grande amico di Gianni, compagno di partite di tennis di Cristiano e di Lupo.

Scendo a pranzo da Gianni e Marella; è invitato anche Jas. Si presenta con il sussiego di un capo di governo; con condiscendenza mi dà la mano. Mi accenna che, se domani avrà tempo, farà una visita a Spadolini; i suoi impegni europei lo chiamano altrove.

De Gasperi, Schumann, Churchill non si sarebbero comportati in maniera diversa.

Chissà, forse lo vedremo presidente del Parlamento europeo!

In Comune regna la massima confusione. Gli assessori democristiani non si sono dimessi. Le dimissioni nostre non sono state accettate dal Consiglio perché non figuravano all'ordine del giorno.

Scadono i termini per approvare la cartografia che riporta graficamente le decisioni già prese dal Consiglio con le controdeduzioni alla variante del Piano Regolatore. I capigruppo sono tutti d'accordo di farla approvare in un Consiglio convocato ad hoc. Delle dimissioni si parlerà poi.

C'è un leggero intoppo perché il Comitato di Controllo non ha ancora approvato l'incarico ai professionisti che hanno redatto la cartografia. Mi consulto telefonicamente con il segretario socialista Grassi e il capogruppo comunista Giardina: capiscono, sono d'accordo, si farà il Consiglio appena possibile.

Ho promesso a Priscilla di trascorrere con lei almeno tre giorni a Venezia per intrattenere i genitori, i parenti, gli amici di Claus, che arrivano dalla Germania per il matrimonio. Mi sembra di tornare ai tempi del primo matrimonio di Clara; tutti questi vichinghi, biondi e altissimi che bevono vino sul motoscafo che ci porta a Burano e poi cantano felici, senza guardare mai la laguna, o Venezia, o i canali.

Il giorno delle nozze, diluvia. Priscilla e Claus escono dalla cappella sotto un doppio ombrello bianco che un qualche amico previdente ha preparato.

A metà pranzo me ne vado con Gianni e Umberto che mi portano a Roma. Priscilla è rosea e felice, una tedesca in miniatura, quando la abbraccio. Il giorno dopo parto per Cuba; la Commissione bilaterale italo-cubana si riunisce all'Avana. Il ministro ci tiene molto. Un viaggio infernale. Ore all'aeroporto di Madrid; partenza alle tre di mattina, arrivo a Cuba alle cinque di mattina con tutta la delegazione dell'ambasciata italiana, ambasciatore e ambasciatrice in testa, a ricevermi all'aeroporto nel caldo, già violento, di un'alba caraibica.

Quattro giorni enormemente interessanti. Siamo giunti, per puro caso, durante la visita di Jessie Jackson alla ricerca di prigionieri. Fidel Castro dà, in onore di Jessie Jackson, un ricevimento da mille e una notte. La nostra missione è stata un successo. Rientriamo esausti.

Prosegue il caos. La DC, il PCI, il PSI, il PSDI fanno un documento in cui chiedono l'allontanamento del Sindaco Agnelli. Anche il partito repubblicano si riunisce; io considero che si debba respingere il documento e dichiarare che il PRI non parteciperà ad alcun incontro con i partiti che hanno posto la pregiudiziale anti-Sindaco Agnelli. Gli altri sono venti; facciano la giunta; andremo all'opposizione.

«E perché?» dice Borghini «Sarebbe come ammettere che, senza di lei, non siamo in grado di esprimere un Sindaco».

Prevale la mia tesi e si fa un documento unitario nel quale si ribadisce anche il concetto che desideriamo lasciare il Comune quando sarà costituita la nuova giunta e si conoscerà il nome del nuovo Sindaco.

Siamo a metà luglio; l'estate, con i suoi problemi, incalza. Non voglio lasciare, per la seconda volta, l'Argentario d'estate, senza amministrazione.

Si ricucirà con i democristiani o si faranno giunte alternative? I dicci si sono dimessi anche loro; tutti tramano alle spalle di tutti. Mauro si presenta in giunta con una formale richiesta della Democrazia Cristiana; prima della cartografia si devono discutere le dimissioni del Sindaco e della giunta.

«Non avevamo fatto un accordo nel senso di discutere prima la cartografia?»

«Lei non ha mantenuto l'impegno.»

«Ma quale?»

«Di approvare la cartografia subito.»

«Ma se eravamo qui insieme quando il segretario comunale ha suggerito di aspettare.»

«Questa è la richiesta ufficiale della Democrazia Cristiana; altrimenti prenderemo provvedimenti.»

Mi consulto con Angella; consiglia di ritirare le dimissioni. Così facciamo. Il mattino dopo, i soliti venti consiglieri firmatari del documento anti-Agnelli; meglio diciotto consiglieri perché Florio rifiuta di firmare e Ettore Zolesi è assente; chiedono formalmente di discutere delle dimissioni del Sindaco in Consiglio Comunale. Anche se non sono i due terzi dei consiglieri non rimane che convocare il Consiglio e ripresentare le dimissioni.

Nel frattempo si fa a Roma un inutile incontro DC-PRI al quale la delegazione democristiana riesce ad arrivare, nel trasferimento da Piazza del Gesù a Piazza dei Caprettari, con mezz'ora di ritardo. Per loro un record di puntualità!

Durante il confronto Del Pennino mi passa bigliettini; "Insistono per l'allontanamento del Sindaco, non ratificheranno le delibere". Alocci dichiara candidamente che, se han fatto quel documento, è perché anche i repubblicani erano d'accordo. Stupore dalla nostra parte del tavolo «I repubblicani, chi?», «Ma se lo sapete benissimo» cachinna Alocci, lasciandoci tutti nel dubbio.

Ormai tutti hanno interesse a mettere tutti contro tutti.

Giardina viene a trovarmi a casa a Santa Liberata;

mi lascia intendere che Borghini è l'ideatore di tutta la manovra. In un seguente incontro, alla presenza di Borghini, Giardina dice chiaramente che loro non approverebbero nessun Sindaco repubblicano, né Agnelli, né alcun altro.

Borghini esce e mi chiama al telefono dopo mezz'ora per esprimermi la sua reazione all'incontro. La politica fa schifo; è troppo schifosa; lui si dimetterà da consigliere comunale, non ne vuole più sapere, ha la nausea.

« E io? » lo interrompo « io, che cosa dovrei dire? »

C'è un dirigente del PCI toscano con cui ho rapporti di stima e di amicizia; presto, la mattina mi viene a trovare.

«Questa è la più bella terrazza del mondo» ammira sincero come ogni volta che viene a farmi visita.

«Venderò la casa; non voglio più vederlo l'Argentario; l'ho troppo amato per vederlo rovinare.»

«Signora» mi dice «lei da quel Consiglio deve uscire a testa alta. Cerchiamo una soluzione.»

Propongo a Spadolini che è stanco e non ha voglia di discutere di giunte locali una alternativa di amministrazione con i comunisti. A loro il Sindaco, programma concordato; io farei l'assessore. Fa un salto sulla sedia.

«Ma cosa dice, Susanna? un sottosegretario agli Esteri va a fare l'assessore a un sindaco comunista?»

In ogni caso la reazione di Borghini è ancora più violenta.

«Io? Io? Non ho intenzione di rifare l'assessore e non lo farò né a Giardina né ad altri.»

«Lei no. Io sì, se fosse per realizzare quello che è giusto.»

Il Consiglio per accettare le dimissioni di Sindaco

e giunta è convocato per lunedì 23 luglio alle cinque del pomeriggio.

Domenica 22 la marchesa Corsini con altre signore della Croce Rossa di Porto Ercole organizza un "cocktail di beneficenza" al deposito dell'aeronautica; si lascia intendere che saranno presenti il generale Bartolucci e Maria Pia Fanfani.

Il giovedì precedente Calimero mi tende un bigliettino; è battuto a macchina, come il listino di un negozio; mancano i prezzi.

200 bottiglie di spumante Azzurra
25 bottiglie di vermouth
50 secchielli di ghiaccio
25 bottiglie
25 tovaglie ecc.

«E cos'è questo, Calimero?»

«Dicono se lei può fare mandare da Luca, dalla Cinzano, questa roba, per domenica. Il solito.»

Mi metto a ridere e rido dieci minuti. Porterò da Roma con la mia macchina una parte dell'ordinazione che la Cinzano ha, sia pure con stupore, accettato di offrire.

I socialisti hanno tappezzato il paese di manifesti multicolori; iniziano "Basta con i capricci" e terminano "la maggioranza della popolazione chiede che Susanna Agnelli se ne vada".

Aimée Corsini mi telefona col tono che si usa con una persona che è stata accusata pubblicamente di traffico di droga «Non so se verrai stasera, capisco che sarà difficile».

«Sì, certamente, verrò.»

«Allora porta una busta con la tua offerta; e cerca

di intrattenere la regina Giuliana che viene col suo seguito. »

Vado alla festa; consegno la mia offerta; intrattengo la regina Giuliana. Il principe Bernardo, mio amico da anni, evita di rivolgermi la parola. Degli altri, alcuni mi dicono « Vedrai che di qui a domani si troverà una soluzione » altri deplorano, deprecano, criticano, ma soprattutto evitano di toccare il tema. Mi sembra di avere la peste.

Al momento di andarsene la regina Giuliana mi chiede « C'è qualcuno dei tuoi figli, con te? ».

« No, nessuno, sono in giro per il mondo. »

« Non hai ospiti, a casa? »

« Mia sorella e mio cognato che partono domani mattina. »

« Non potrebbero rimanere un giorno di più? »

Sorrido e scuoto la testa; lei mi mette la mano sul braccio e dice, a voce bassa:

« Conosco i tuoi problemi, sai » e si allontana. È l'unica persona, a quella festa, che sia riuscita a darmi l'impressione di avere capito.

Non so se abbiano raccolto la somma che serviva a comperare l'ambulanza per Porto Ercole.

Porto Ercole, dove il Santini prepara una lista alternativa anti-Agnelli e, avendomi invitata a presenziare alla premiazione del palio marinaro a chiusura delle feste di giugno, è riuscito a farmi fischiare in piazza. Anche se la mattina seguente è venuta in Comune una splendida ragazza con un mazzo di fiori a chiedere scusa.

Porto Ercole dove è ancora in ballo la vertenza dello stabilimento Cirio. Ho indetto, in dicembre, una riunione e proposto che si cercasse una soluzione alternativa per dare lavoro a chi lo avrebbe perduto e appena ho voltato la schiena sono venuti i parlamentari locali di tutti i partiti a dire invece che bisognava fare il comitato di lotta e non cercare un'alternativa.

Adesso la Cirio è chiusa e l'alternativa bisogna ancora cominciare a cercarla.

Porto Ercole che si sente vittima di Santo Stefano; che vuole essere indipendente e fare le proprie scelte per poi imputarne i risultati a chi sta in Comune a Santo Stefano.

Porto Ercole dove continuano a comandare le tre grandi famiglie imponendo subdolamente al delegato del Sindaco il loro nascosto potere.

La mattina del 23, prima di andare in Comune con Angella, passo a salutare le donne del Valle. Mi vedono nel piazzale e scendono dai vari piani, si affacciano alle finestre « Non ci abbandoni, Signora » mi prendono la mano.

« Non sono io che vi abbandono, sono gli altri che mi cacciano! »

Mi regalano le loro lacrime.

« Non andremo mai più a votare » aggiungono e sono sincere.

Mi fermo anche a salutare le gelataie alla partenza del traghetto del Giglio; il mio nipotino Urbano ne andava pazzo perché gli regalavano il gelato « Me lo regalan porqué sos el Sindaco? » chiedeva felice.

«Perché vogliono che se ne vada?» mi chiede un giornalista in Comune.

«Lo chieda a loro; io non lo so. Dicono che non è perché combatto gli abusi edilizi. Ma non sanno dirmi un'altra ragione. Forse questo pomeriggio lo capiremo in Consiglio Comunale.»

«Ha chiamato il Sindaco di Orbetello» mi dice Piccinotti il telefonista «lo devo richiamare?»

«Sindaco» mi dice «questa gente è vergognosa. Perché non viene a fare il Sindaco a Orbetello?»

Rido, ha anche lui i suoi guai.

«Grazie di avermi chiamato, Sindaco. Con lei penso di lasciare almeno un amico.»

«Di questo può essere certa; per tutta la vita.» A lui, a me si rompe un poco la voce in gola.

Arrivano Fortunato e Lido, il nuovo segretario del partito; con loro tornerò a casa dove ci aspetta Borghini, distrutto dall'improvvisa, gravissima malattia del padre.

«Come ci comportiamo oggi, al Consiglio?»

«Lasciamo parlare gli altri; non abbiamo altro da dire se non la nuda cronistoria di quello che è avvenuto. Del come abbiamo tentato di non lasciare il Comune senza guida in estate, pronti ad andarcene non appena ci fosse una sostituzione.»

Borghini insiste che, dall'indomani, il partito repubblicano inizierà le consultazioni per fare una nuova maggioranza con un nuovo Sindaco.

«Ma come? Avallando, di fatto, la richiesta del mio allontanamento?»

«Eh, ma lei non vorrà mica pensare di fare per sempre la mamma dell'Argentario? Si potrà pur trovare una soluzione senza di lei?»

Poche parole ancora e, vista la piega che prende la conversazione, sapendo anche che Borghini è particolarmente scosso, taglio corto «Io allora vado a fare un bagno di mare!».

Angella rimarrà per un'ora a tentare di convincere Borghini che una trattativa può dare la sensazione che anche il PRI avalli la mozione anti-Agnelli. Ma riparte per Livorno senza averlo convinto.

«Lei è stata l'unica cosa pulita di questi dieci anni» lo abbraccio commossa.

Nuoto nel mare; guardo in su verso il mio giardino; gli oleandri rosa tra il verde; la mia terrazza, dove, sfiorite le azalee, splendono ora le gardenie di un bianco accecante.

«Non vendere la casa» mi dicono per telefono da parti diverse del mondo i miei figli «è il posto più bello che esista.»

«Sì, ma non ci venite mai!»

Lo so che è il posto più bello del mondo e sono qui sola e gli sto dicendo addio.

L'attacco dei socialisti è selvaggio. L'intervento letto dal capogruppo De Angelis, è stato scritto dal dottor Benito Grassi, sì quello della stima rinnovata, ex consigliere comunale, due volte (nel '75 e nell'80) non eletto e oggi segretario del partito socialista.

Il consigliere socialdemocratico dichiara di non sapere perché ha firmato quel documento.

I comunisti, come si dice in politica, rettificano il tiro. Il missino, unico a non aspirare alla mia poltrona, si assenta. I democristiani cercano di trovare una giustificazione. «Ecco» dice Alocci «ecco, la relazione del Sindaco era ineccepibile» ma poi non dice più niente.

Borghini incomincia a parlare, giunge notizia dell'aggravamento del padre, deve interrompere.

Poi alzano la mano e accettano le dimissioni del Sindaco.

Soltanto il segretario provinciale della Democrazia Cristiana mi viene a stringere la mano, mentre scendo le scale «Grazie» dice ad alta voce «grazie per quello che ha fatto per noi; grazie per quello che ha fatto per la Provincia di Grosseto.»

A Roma, per una volta, Teresa si ricorda.

«Il ministro Spadolini; lo chiami appena arriva.»

«Mi dispiace Susanna; ho sentito alla televisione.»

«I socialisti» lo interrompo «si sono comportati in una maniera ignobile.»

«Come i socialisti? Non erano i democristiani?»

«Sì, ma i socialisti hanno fatto dei manifesti vergognosi su tutti i muri dell'Argentario.»

«Senta, Susanna, la prego, adesso non cominci anche lei con i socialisti; c'è già Giorgio...»

Il mattino dopo, assolutamente indifferenti, malgrado la passione che ci mette Spadolini, nel caldo e nel fumo di un condizionatore rotto, mi dichiareranno la loro piena solidarietà, il partito e la direzione nazionale.

"Caro Ministro" scrivo ad Andreotti "posso andare in vacanza? Vorrei scrivere un libro."

Il ministro risponde "Non solo è un suo diritto, è anche un suo dovere".

Prendo l'aereo. Quando volo sopra all'Argentario chiudo gli occhi. Addio, addio mio ultimo amore.

Cortina d'Ampezzo, agosto 1984

Oscar narrativa
Periodicità: 6 numeri alla settimana
n. 100 del 25/10/1989
Direttore responsabile: Alcide Paolini
Registr. Trib. di Milano n° 109 del 7/2/1989

beghe

spietato - relentless

amarezza - bitterness

fraintendamenti - misunderstanding

vicenda - event